贵州出版集团有限公司出版专项资金资助

U0502236

乡村振兴与农村产业发展

中药材产业发展实用指南

王华磊 ◎ 主编

贵州出版集团

贵州人民出版社

图书在版编目（CIP）数据

中药材产业发展实用指南 / 王华磊主编. -- 贵阳：
贵州人民出版社，2021.12
（乡村振兴与农村产业发展丛书）
ISBN 978-7-221-16847-4

Ⅰ.①中… Ⅱ.①王… Ⅲ.①中药材－制药工业－产
业发展－贵州－指南 Ⅳ.①F426.77-62

中国版本图书馆CIP数据核字(2021)第232572号

中药材产业发展实用指南
ZHONGYAOCAI CHANYE FAZHAN SHIYONG ZHINAN

王华磊　主编

出 版 人	王　旭	
责任编辑	潘江云	
封面设计	谢安东	
出版发行	贵州出版集团　贵州人民出版社	
社　　址	贵州省贵阳市观山湖区会展东路SOHO办公区A座	
邮　　编	550081	
印　　刷	贵州新华印务有限责任公司	
规　　格	890mm×1240mm　1/32	
字　　数	160千字	
印　　张	7.625	
版　　次	2021年12月第1版	
印　　次	2021年12月第1次印刷	
书　　号	ISBN 978-7-221-16847-4	
定　　价	32.00元	

《乡村振兴与农村产业发展丛书》编委会

《中药材产业发展实用指南》编委会

主　　编：王华磊

编　　委：罗夫来　李金玲　黄明进　刘红昌

　　　　　罗春丽　李丹丹　陈松树　梁　瑾

　　　　　张金霞　唐成林　李龙进　王德甫

　　　　　蔡　莉　张希凤　林　洁

审　　稿：赵　致

前　言

党的十八大以来，以习近平同志为核心的党中央把脱贫攻坚摆在治国理政的突出位置，组织实施了人类历史上规模最大、力度最强、惠及人口最多的脱贫攻坚战，完成了消除绝对贫困的艰巨任务，创造了彪炳史册的人间奇迹。贵州作为全国脱贫攻坚主战场之一，得到了习近平总书记的亲切关心和特殊关怀。贵州各族干部群众在贵州省委、省政府的团结带领下，牢记嘱托、感恩奋进，向绝对贫困发起总攻，66个贫困县全部摘帽，923万贫困人口全部脱贫，减贫人数、易地扶贫搬迁人数均为全国之最，在国家脱贫攻坚成效考核中连续5年为"好"，在贵州大地上书写了中国减贫奇迹的精彩篇章。经过这场感天动地的脱贫攻坚大战，贵州经济社会发展实现历史性跨越，山乡面貌发生历史性巨变，农村产业取得历史性突破，群众精神风貌实现历史性转变，基层基础得到历史性巩固，实现了贵州大地的"千年之变"。

贵州是中国唯一没有平原支撑的省份，93%的土地由丘陵和山地构成，难以开展规模化农业生产，因地制宜发展特色农业成为必然。"十三五"期间，贵州省委、省政府围绕农业供给侧结构性改革，聚力发展现代山地特色高效农业，创新性地成立了农村产业发展工作专班和专家团队，主抓茶叶、蔬菜、辣椒、食用菌、水果、中药材、生猪、牛羊、生态家禽、生态渔业、刺梨、特色林业等12个农业特色优势产业。贵州现代山地特色高效农业发展取得明显进展，12个农业特色优势产业持续壮大，其中，茶叶、辣椒、李子、刺梨、蓝莓种植（栽培）规模位列全国第一，猕猴桃、薏仁、太子参等产业规模进入全国前三；蔬菜、食用菌、火龙果等产业规模进入全国第一梯队；农民增收渠道持续拓宽，农产品精深加工快速推进，农村创新创业热火朝天。贵州大学积极响应省委、省政府号召，发挥自身专业特长，成立12个农业特色优势产业专班，为贵州12大特色优势产业提供强有力的科技支撑，为贵州取得脱贫攻坚全面胜利做出了突出贡献。

脱贫摘帽不是终点，而是新生活、新奋斗的起点。实现巩固拓展脱贫攻坚成果同乡村振兴有效衔接、推进乡村全面振兴是"十四五"期间农村工作特别是脱贫地区农村工作的重点任务。2021年2月，习近平总书记视察贵州时提出，贵州要在新时代西部大开发上闯新路，在乡村振兴上开新局，在实施数字经济战略上抢新机，在生态文明建设上出新绩。这是习近平总书记为贵州下一步发展所作的战略部署。

乡村振兴是包括产业振兴、人才振兴、文化振兴、生态振兴、组织振兴在内的全面振兴，其中产业振兴是乡村振兴的基础和关键。"十四五"时期，贵州省委、省政府坚持以高质量发展统揽全局，巩固拓展脱贫攻坚成果，全面推进乡村振兴。实施乡村振兴战略的总目标是农业农村现代化。农业现代化的关键是农业科技现代化。

我国正由农业大国向农业强国迈进，必须牢牢掌握农业科技发展的主动权，大力发展农业科技，赋能农业现代化和高质量发展。乡村产业振兴使贵州农业发展方式实现根本性转变，开启了贵州农业农村现代化的新征程。

高质量推进乡村产业振兴，重在因地制宜、突出特色、精准规划。为响应党中央和贵州省委、省政府的号召和部署，加快推进贵州农业现代化和进一步做大做强农业特色优势产业，我们编写了《乡村振兴与农村产业发展丛书》，通过对农村产业进行精准定位，具体分析各产业发展的人口、人文、气候、地理、自然资源、传统优势、政策扶持、市场等因素，发掘产业发展的独特优势，构建现代产业结构和体系，积极为贵州农业高质量发展贡献力量，为建设现代山地特色高效农业强省提供行动指南。

该套丛书具有很强的科学性、系统性、知识性和可读性，并突出其实用性和指导性。既有理论论述，又有实践经验，既有政策分析，又有路径方法，可学可用，对广大农业科技工作者，全省各级干部、大专院校师生等具有重要参考价值。

编者

2021 年 12 月

目录

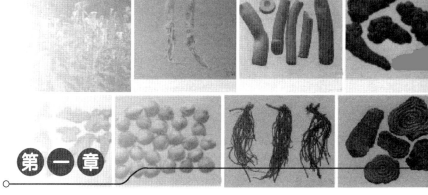

第一章
中药材种植发展现状与展望

　　中药材是中医药事业传承和发展的物质基础。随着人民生活水平越来越好、人口年龄比例失调、老年人口比例越来越大，以及医疗保障体制不断完善，大家对中医药认知度逐渐提高，加之中医药在新型冠状病毒的防治中发挥了至关重要的作用，人们对中医药治疗药物以及养生保健品的需求量日益增加。尤其在国家政策、市场需求、经济带动等因素的影响下，中医药行业将继续有着较好的政策环境，中医药文化基础也将不断加深、夯实。

　　近年来，国家高度重视中药材产业发展，持续出台了一系列纲领性文件，使我国中药材产业化呈现出良好的发展态势。为了推动中药材产业发展水平再上新台阶，各省积极推进中药材品牌建设、培育优势品种、创立推广中药材知名品牌，推动中医药全产业链发展。

第一节　全国中药材种植发展情况概述

中医药对维护人类健康和经济社会发展发挥着重要作用，是我国独特的卫生资源和文化资源，我国也是世界上最大的中药材种植和消费国家之一。第三次中药资源普查表明，全国药用生物资源12807种，常规种植中药材品种约300种，大宗药材品种40种。1996年科学技术部会同国家中医药管理局等部门明确提出了中药现代化发展的整体战略构想。1997年为推广我国中药现代化科技产业发展，国务院18个部委联合编制了《中药现代化科技产业行动计划（纲要）》。2019年10月，习近平总书记强调"要遵循中医药发展规律，传承精华，守正创新"，中药材是中医药事业传承和发展的基础，推进中药材产业科学、健康、可持续发展，是促进中医药传承创新发展的前提。2016—2021年中医药行业陆续颁发了一系列的文件和政策，如《中医药发展战略规划纲要（2016年—2030年）》《关于促进医药产业健康发展的指导意见》《中华人民共和国中医药法》《全国道地药材生产基地建设规划（2018—2025年）》《关于加快中医药特色发展若干政策措施的通知》等，明确将中医药发展上升到国家战略发展规划中。

"十三五"是我国取得脱贫攻坚全面胜利的关键五年，也是农业产业快速发展的五年。在此期间，农业种植和销售模式多样化发展，科技投入大幅提高。到2020年底，全国中药材种植面积约为 8938.70 万亩，其中贵州省种植面积为 711.15 万亩，约占全国的 7.96%，位居全国第二。

全国中药材市场成交额从 2015 年到 2019 年增长 751 亿元，增长率为 83.35%。2020 年，全国中药材市场成交额高达 1919 亿元，同比增长 16.3%，预计 2021 年中药材市场成交额将逼近 2000 亿元大关。此外，随着中医药在新型冠状肺炎疫情防控救治工作中的显著效果，将会进一步扩大中成药及中药材的市场规模。截至 2020 年底，全国注册合作社已超 28 万家，种植基地 12300 多个。2019 年，我国中药类商品进出口贸易总额达 61.74 亿美元，其中出口总额达 40.19 亿美元，同比增长 2.8%；进口总额达 21.55 亿美元，同比增长 15.9%。

在首届中国中药生态农业交流大会暨中国生态学学会中药资源生态专业委员会第八次全国学术研讨会上，中国工程院院士、中国中医科学院院长黄璐琦作了"以创新驱动中药农业的现代化"会议主题报告。他指出"健康中国"引领了中药材需求由量向质转变，中药农业未来的发展方向，需以"有序、安全、有效"为目标，推进中药材生产"八化发展"：产地道地化、种源良种化、种植生态化、生产机械化、产业信息化、产品品牌化、发展集约化、管理法制化。

第二节　贵州中药材种植发展现状

　　贵州是全国四大中药材主产区之一，素有"天然药物宝库"之称。据全国第三次中药资源普查显示，贵州药用植物资源种类达5304种，约占全国种类的40%，全国排名第四。我国六大民族药之一的"苗药"，其90%以上的药材集中在贵州。

　　为响应国家号召、加快推进中药产业现代化发展，1999年贵州省在全国率先成立了由省长任组长，省科技厅牵头、20多个厅（局）为成员单位的省中医药现代化科技产业协调领导小组，形成了全省协作、上下协调、高效推进的产业发展工作机制。2001年5月，"国家中药现代化科技产业（贵州）基地"经科技部批准建设，之后在省委、省政府的领导下，于2002年9月出台了《关于推进中药现代化科技产业发展的若干意见》，是全国首个以省委、省政府名义颁布的推动中药现代化科技产业发展的文件。经过三年的努力，2005年5月该基地通过验收，成为全国第一家正式挂牌的中药现代化科技产业基地。自此，我省中药现代化科技产业从此迈上了新台阶。

　　历届省委、省政府都对贵州中药材产业十分重视。2007年，贵州省人民政府出台了《关于印发贵州省"十一五"中药现代化产业发展意见的通知》（黔府发〔2007〕10号），明确了中药现代化产业发展指导思想、发展目标、主要任务及政策措施。2012年颁布的《国务院关于进一步促进贵州经济社会又好又快发展的若干意见》（国发〔2012〕2号）中明确提出"积极促进中药现代化，大力发展中成药和民族药"的目标要求，贵州省提出将大健康医药产业打造成为大数据产业的"姊妹篇"这一战略。中共贵州省委办公厅制定出台的《关于完善体制机制加快推进中药材产业化中药现代化发展的意见》（黔党〔2012〕4号），确立了"研发、种植、加工、监管"四位一体联合推动产业发展的工作机制，明确办公厅主要负责开展中药材资源调查保护、优良品种试验示范、推广，加强中药饮片炮制加工技术的规范化研究和产业化推广，开展中药材质量标准研究，共同推进中药材资源保护开发及综合利用。2015年，省政府先后出台了《关于支持健康养生产业发展若干政策措施的意见》（黔府发〔2015〕8号）、《关于支持苗药产业做大做强的若干政策措施的通知》（黔府办发〔2015〕19号）、《省人民政府办公厅关于印发贵州省大健康医药产业发展六项实施计划的通知》（黔府办发〔2015〕26号）、《省人民政府办公厅关于印发贵州省医药产业、健康养生产业发展任务清单的通知》（黔府办函〔2015〕40号）等一系列相关文件，以保障中药材产业发展。

　　"十三五"以来，面对复杂多变的经济新形势，贵州中药材产业进入了转型升级阶段。省委、省政府对中药材产业发展做了一系列调整与探索。2017年，省人民政府办公厅印发《贵州省发展中药材产业助推脱贫攻坚三年行动方案（2017—2019年）》（黔府办发〔2017〕47号）。2018年2月9日，时任贵州省委书记、省人大常委会主任孙志刚在省委农村工作会议上提出，"来一场振兴农村经济的深刻的产业革命"。同年 12 月 24 日，省人民政府印发《贵州省十大千亿级工业产业振兴行动方案》，把生物医药产业列为其中之一。2019 年 2 月 1 日，中共贵州省委办公厅、贵州省人民政府办公厅印发《省委省政府领导领衔推进农村产业革命工作制度》，明确中药材产业为农村产业革命十二大产业之一。2019 年 4 月，贵州省农业农村厅成立了中药材产业发展工作专班，贵州省中药材产业进入高质量发展阶段，并取得了较好的成果。

中药材产业规模快速增长。截至 2020 年底，贵州省中药材种植面积、总产量、总产值相比 2015 年底，增长幅度分别为 49.56%、18.06%、84.97%。"十三五"期间，全省中药材面积、产量、产值年平均增长率分别为 8.38%、3.38%、13.09%，特别是 2018 年以后，呈迅速增长模式，产值年均增长 52.37 亿元（2018 年产值 119.68 亿元、2019 年产值 168.51 亿元），产业规模实现快速增长，具体体现在以下几个方面。

产业集聚程度不断提高。"十三五"以来，全省中药材产业布局更加合理，各市州产业规模日益稳定。全省共培育了大方、黄平、剑河等 25 个中药材种植面积达 10 万亩以上的种植大县，种植面积共计 415.08 万亩，占全省中药材种植面积的 59.87%。种植大县主导单品更加突出，全省共建设 100 亩以上规模化标准化生产基地 1814 个、面积达 207.4 万亩；1000 亩以上规模化基地 330 个、面积达 162 万亩；1 万亩规模化基地 28 个、面积达 91.4 万亩。建设种子种苗繁育基地 391 个，可推广种植面积达 118 万亩，产业集聚程度不断提高。

产业结构得到持续优化。"十三五"以来，全省中药材产业持续引导重点产区围绕重点单品优化产业结构。"十三五"末，全省共发展中药材单品 75 个，其中草本类药材 51 个、面积为 200.04 万亩；木本类药材 17 个、面积为 251.74 万亩；菌类药材 3 个，面积为 3.82 万亩；食药兼用类 4 个、面积为 255.52 万亩。实施农村产业革命以来，贵州选择了天麻、钩藤、太子参、薏苡仁、半夏、黄精、白及、花椒、艾纳香、何首乌、党参、茯苓、头花蓼、金（山）银花、生姜 15 个黔药优势单品。2020 年又进一步聚焦天麻、石斛、太子参、黄精、白及、半夏、钩藤、薏苡仁 8 个重点单品。截至 2020 年 12 月底，15 个单品种植面积达 459.38 万亩，占全省中药材种植总面积的 64.69%，8 个重点单品种植规模从 2016 年的 103.75 万亩上升到 2020 年的 231.01 万亩，增长 122.66%，占全省种植总面积的 32.48%。

组织化程度显著提高。目前，全省有中药材生产经营主体 2368 家、药品生产企业 163 家，医疗器械生产企业 90 家。其中：规模以上企业 149 家。全国医药工业百强企业 1 家（益佰），全国中药企业百强 8 家（益佰、百灵、景峰、神奇、三力、新天、威门、信邦），年产值亿元以上企业 42 家，主板上市企业 8 家（益佰、百灵、景峰、信邦、神奇、圣济堂、新天、三力）。基本形成以乌当、修文、清镇、龙里为辐射点的"环贵阳医药产业带"，其中：有 139 家药品生产企业、53 家医疗器械生产企业入驻工业园区，分别占企业总数的 85.3%、58.9%。

品牌创建成果显著。截至 2020 年底，全省共有 56 个中药材产品获得国家地理标志产品保护，与2015年相比新增了27个，增长率高达93%。其中，有27个产品涉及草本类、9个产品涉及木本类、1个产品涉及菌类、13个产品涉及食药兼用类，见表1。

产销渠道不断畅通。目前全省共建立"定制药园"37家、建设面积23.3万亩。2020年省内医疗机构、饮片厂采购定制药园药材3323吨、采购额达2.27亿元；中药材、药食两用产品借助"黔货出山""黔货进军营""黔货出海"大力发展，与北京、江苏、上海、浙江等省市医药行业协会和企业签订产销对接合作协议，持续推进全省中药材进入省外市场；积极探索"互联网＋中药材"新途径，创新中药材流通服务模式，"贵州省中药材电子商务交易云平台""贵州省中药材质量追溯平台"已于2020年底上线运行。

表1 贵州省中药材获国家地理标志保护产品清单

取得时间	数量	产品名称
"十一五"期间	5	德江天麻、大方天麻、连环砂仁、顶坛花椒、安顺山药
"十二五"期间	24	赤水金钗石斛、贵州折耳根、坡贡小黄姜、剑河钩藤、正安野木瓜、威宁党参、罗甸艾纳香、大方圆珠半夏、安龙金银花、施秉太子参、赫章半夏、施秉头花蓼、绥阳金银花、正安白及、兴仁薏苡仁、品甸生姜、织金续断、织金头花蓼、洛党参、道真党参、黎平茯苓、雷山乌杆天麻、水城小黄姜、六枝龙胆草
"十三五"期间	27	榕江葛根、关岭桔梗、保田生姜、遵义杜仲、妥乐白果、晴隆糯薏仁、道真洛党、兴义黄草坝石斛、安龙白及、安龙石斛、普定白及、六枝魔芋、板贵花椒、保田薏仁、织金皂角精、镇宁小黄姜、凯里生姜、兴仁生姜、板当苡仁米、兴义山银花、桐梓魔芋、黄平白及、习水红稗、大方冬苏、贵州灵芝、织金竹荪、龙里刺梨干

产业扶贫效益日益突出。"十三五"期间，贵州省将中药材产业发展和脱贫攻坚融合推进，推广了"龙头企业＋基地＋合作社＋农户""品种＋市场＋企业＋协会＋农户""一县一业＋企业集群＋合作社＋农户""政府＋科研团队＋龙头企业＋合作社＋农户"等多种利益联结共享模式，通过利益联结机制，有效地促进了贫困户和低收入农户增收。"十三五"末，全省龙头企业（国家级6家、省级64家、市级153家）通过"龙头企业＋基地＋合作社＋农户"模式，年新增13207个工作岗位，中药材生产经营主体年提供就业岗位5.09万个，中药材产业已成为全省群众增收脱贫的重要产业。

第三节　贵州中药材种植发展面临的机遇与挑战

一、发展的机遇

贵州地理条件独特、气候温暖湿润，药材品质优异、市场美誉度高，是全国四大中药材产区之一，发展中药材具有得天独厚的优势。中药材产业作为我国医药产业的重要组成部分，是我国最重要的民族产业之一，在经济社会发展的全局中有着重要意义。随着我国人民生活水平不断提高，人口老龄化进程不断加快，健康服务业蓬勃发展，人民群众对中医药的需求越来越旺盛，中药产品市场需求巨大。特别是在抗击新型冠状肺炎疫情过程中，中医药成为抗疫的重要力量,其治疗作用和独特优势在世界范围内越来越受到重视,中药材需求量也随之增大,迎来了发展新机遇。

一是政策支持的规格和力度持续提高。党的十九大报告提出,坚持中西医并重,传承发展中医药事业。习近平总书记也在多个场合指出,要着力推进中医药振兴发展,坚持中西医并重,推动中医药和西医药相互补充、协调发展,努力实现中医药健康养生文化的创造性转化、创新性发展。近年来,中医药利好政策不断出台,政策支持的规格和力度也持续提高。2019年,中医药行业扶持力度有增无减,特别是中华人民共和国成立以来第一次以国务院名义召开全国中医药大会,中共中央、国务院发布《关于促进中医药传承创新发展的意见》。2021年中央一号文件明确提出促进林下经济发展,国务院办公厅下发的《关于加快林下经济发展的意见》(国办发〔2012〕42号),国家发改委、国家林业和草原局等十部委联合下发的《关于科学利用林地资源促进木本粮油和林下经济高质量发展的意见》(发改农经〔2020〕1753号)等文件,为林下经济健康、有序发展指明了方向。林药作为林下经济产业的重要环节,也将在后续的发展中得到大力的推广和扶持。

二是人民对美好生活的要求不断升级。人民对健康生活的要求不断加深,对中药材质量和安全性提出了更高要求。中药材需求已发生巨大变化,挖掘中药材潜在价值、推动中药材产业提质增效,不仅能满足中成药、中药饮片和中药配方颗粒等中药工业的原料需求,还能满足大健康产业对中药保健产品、药食同源类健康食品和其他健康养生产品的多层次要求和需求。

三是中药材品种资源丰富。贵州属亚热带温湿季风气候区，复杂多样的高原、山地、丘陵、峡谷及河流阶地等地貌，独特的立体气候，为动植物生长提供了优越的条件，尤其适宜多种中药材生长。贵州得天独厚的自然条件，孕育了丰富的中药材资源，道地药材遍布各地。据全国第四次中药资源普查显示，全省现已查明药用植物资源种类共 7317 种，不仅品种多，而且蕴藏量大，素有"天然药物宝库"的美誉。截至 2020 年，仅国家正式登记的地理标志保护产品就达 56 个。

四是产品品质优异。贵州是我国四大中药材主产区之一，人工栽培品种 160 种以上，种植的药材品质优异，市场美誉度高。其中天麻折干率、商品等级、药效成分含量高，是国家中医药局开展天麻药食同源试生产指定省份之一；太子参色黄、明亮，形状饱满，标志性成分太子参环肽 B 含量高于太子参其他产区；党参根条肥厚、质软味浓化渣，多糖含量高，质量上乘；薏苡仁均匀饱满、色白润亮，其指标成分甘油三油酸酯含量超过药典规定 1 倍，是药食两用的佳品。

五是产业基础良好。经过多年的发展，全省中药材产业初具规模，2019 年全省中药材产值 108.83 亿元，大方天麻、剑河钩藤、兴仁薏苡仁、赫章半夏、施秉太子参等一批区域公共品牌基本形成，全省中药材种植企业和合作社上千家，培育了信邦、百灵、益佰等一批龙头企业。中药材种植已成为群众增收脱贫的重要产业。

六是市场前景可观。随着中药材预防、治疗、保健等作用越来越被人们认可，药用植物提取物作为医疗器械、美容产品、日化产品以及化工产品原料，国内外市场需求不断攀升，中药材、中药饮片和提取物市场呈现良好的发展态势和广阔的发展空间。

二、面临的挑战

新时代的发展为中药大健康产业带来巨大机遇的同时，也让中药大健康产业面临一定的挑战。虽然贵州的中草药产业在规模、产量、产值上实现了大幅度增长，初步实现了阶段性发展目标，但中药材产业市场体系建设滞后、中药材标准化产业化水平不高、良种供应能力与产业发展不相适应、科技投入不足等方面的问题逐渐凸显，主要表现在以下方面。

一是资源收集保存开发利用程度有待进一步提高。一方面资源收集、保护力度不够。贵州是全国中药材种质资源较为丰富的省区之一，但至今尚未建立规范的种质资源保存库，绝大多数种质库只能保证"低温"不能做到"低湿"，导致种质保存周期短。另外黄精、天麻、淫羊藿等有特色种质的野生资源因无序乱挖而日益濒危。另一方面资源开发利用和相关产品的开发明显不足，远远不能满足产业发展的需求。

二是良种供应能力与产业发展不匹配。一是生产用种种源混杂、质量良莠不齐。由于缺少统一的种子种苗质量标准，现有的种业企业种子种苗质量标准推广力度不够，导致白及、黄精等的劣质种子种苗长期充斥市场，相关产品不符合《中国药典》要求，不仅不能入药，还导致土地资源的浪费。二是优良品种优质种子种苗生产、推广力度不够。比如大方县是国家级天麻区域性两种繁育基地县，生产的天麻"两菌一种"质量好，但是由于推广力度不够，销量欠佳。目前正安、雷山等产区使用的天麻种仍是自留种，种子质量参差不齐，产量、质量良莠不齐。而且良种生产能力不足，种子种苗繁育规模小、集约化程度低、生产成本高。

三是种植效率相对较低。中药材多种植在山地、林地等基础设施薄弱、机械化水平低的地区，生产方式仍以传统的高人工投入为主，种植技术水平低导致生产投入高、单产低、经济收益差。全省中药材总产值虽整体增长速度较快，但平均亩产值仅3155元，远落后于云南等中药材强省（云南省中药材平均亩产值4395元），这与贵州突出的资源优势和种植规模不匹配。全省中药材标准化种植水平不高，通过大量施用化肥农药来提高产量的种植方式依然普遍存在，严重影响中药材的产品质量、导致农残超标等问题。另外，一些道地性强、品质优、潜力大的品种，由于规模化、标准化程度低，产量和品种不稳定、规模效应得不到提升，致使重点单品的产业集中度不高。

四是产地初加工能力不足，市场、物流、仓储建设滞后。据调研数据显示，截至2020年底，全省标准化初加工能力42.4万吨，仅占总产量的21.88%，仍存在100多万吨中药材缺少产地和加工所需的场所、设施、设备，大量产新的药材不能及时加工入库，产业加工效益无法提升。虽然太子参、半夏、钩藤等单品在全国已具有一定的优势地位和话语权，但初加工能力仍远不能达到需求。且产地初加工标准化程度普遍较低，加工工艺不统一，各地各法、一药多法乃至一地数法的问题普遍存在，导致药材产品质量不稳定商品性欠佳。不同的初加工方法对药材的外观与药效会造成较大影响，并且这些初加工方法均无具体的加工工艺技术参数，多凭主观判断，进而导致中药材质量参差不齐，严重影响药企收购的积极性，致使省内外药材收购商收购原药材或直接收购鲜药材后，运往省外经过加工再返销回省内的现象较为普遍。另外，全省中药材市场、物流、仓储建设严重滞后，远不能满足药材生产需求，与贵州资源大省、种植和产量大省的规模极不相称。

五是精深加工产品开发不足。一些道地性强、品质优、潜力大的品种，因为高附加值的精深加工产品开发不足，部分已上市的产品市场影响力不强，且产品加工方式多由省外代加工，本土加工能力较弱，市场发展受到限制。比如，贵州天麻折干率、商品等级、药效成分含量高，很受市场欢迎，是国家开展天麻药食同源试生产指定省份之一，由于市场培育、精深加工产品开发不足，市场影响力还有待提高；又如，贵州研发的白及面膜、牙膏等日化产品虽然较多，但普遍为省外代加工，且宣传营销能力严重不足，品牌影响力较弱。

六是重点单品影响力不强。全省中药材 37 个单品产值上亿元，其中太子参、钩藤、薏苡仁、生姜 4 个单品产值超 10 亿元，与云南、四川等中药材大省差距逐渐缩小。但还没有形成像云南三七、吉林人参、宁夏枸杞等那样的大品种和品牌，且没有一个单品形成百亿级市场规模，很多中药材质优却价低。

七是产销方式单一，药食同源问题有待突破，部分单品市场风险较大。中药材供需规律和价格涨跌变化与农作物有所区别，碎片化、盲目化发展容易造成供过于求和供需错位。贵州多年生品种生产周期大多在三年左右，市场波动难以预测，部分单品市场价格持续走低。天麻、铁皮石斛、灵芝等重点单品因药食同源政策瓶颈仍未突破，只能作为农产品销售，且销售渠道单一，面临较大压力。

八是专业技术人才十分短缺。中药材是特殊的农产品，较传统农业起步晚，产业科研基础薄弱，在品种选育、高产栽培技术模式、病虫害防治、水肥一体化以及加工储藏等关键技术上缺乏系统研究，技术服务体系有待完善。中药材专业技术人才十分短缺，技术培训与指导主要由企业承担，而中药材种类差异大，一个品种一套种植技术，种植区域分布广而散，企业服务难以满足生产需要，导致生产中大部分药农仍然延续传统粗放的种植、加工技术，种植基地标准化程度不高，中药材的产量和质量难以保证。

第四节 贵州中药材种植发展的方向

贵州中药材产业机遇与挑战并存，产业发展必须抢抓机遇、突破难点，坚持目标导向、问题导向、结果导向，切实发挥贵州省大数据试验区高地，加快推进中医药药材规模化、规范化种植，推进大数据与中医药产业深度融合，推进贵州省中药材电商交易平台、定制药园建设，全面提升"黔药"品牌影响力和竞争力，紧紧围绕

"十四五"目标任务，聚焦"9+3"县（区），聚焦"短平快""道地""药食同源"等优势单品，聚众力集众智全力打造"中医药强省"。

一是着眼全产业链，推动产业布局上台阶。注重产业发展顶层设计，将中药材产业和健康医药产业"一盘棋"谋划。横向推动中药材产业与医药制造业、医药流通服务业、健康融合业、各级医院用药等有效衔接，纵向打通中药材产业本身的种植、加工、销售、仓储物流、新产品研发销售全环节。同时，集中力量抓重点园区、重点企业、重点产品、重点项目，带动全省中药材产业发展壮大、提质增效。

二是充分借势用力，推动"黔药"影响力上台阶。2020年初，新型冠状肺炎疫情防治过程中，中医药发挥了积极作用，中医药诊疗方案被纳入第三版至第七版国家诊疗方案中，湖北省中医药使用率累计达到91.91%，方舱医院中医药使用率超过99%，集中隔离点中医药使用率达到94%。这些诊疗方案中用到的半夏、党参、厚朴、茯苓、麦冬、玄参、白术、金银花等品种在贵州均有较大规模种植，应充分利用好贵州道地药材优势，抢抓机遇，加强品牌设计规划，创建地域特色突出、产品特性鲜明的"黔药"区域公共品牌，提升"黔药"影响力。

三是加强质量管控，推动药材品质上台阶。坚决把好中药材质量关，严格农药、化肥、植物生长调节剂等的使用管理。利用贵州省中医药源平台，实现药材全流程溯源信息的采集和管理。加快制定中药材生态化技术规程和标准，开展药食同源产品食用农产品合格证制度试点。委托国内权威机构对"定制药园"品种、中药材电商平台上线入网品种进行质量检测。加强行业自律，加快建立贵州省中药材种植行业协会。严肃查处违法生产、经营中药材的行为，让产业持续健康发展。

四是注重精准施策，巩固脱贫攻坚成果上台阶。深入实施中药材产业扶贫行动，将"9+3"县（区）作为重中之重。重点开展技术培训和服务，推广生态化种植技术，保证"种得好、管得好"；加强采收、产地加工、储藏等环节的培训与指导，做好产销对接，在省内外著名旅游景区开设中药材产品宣传展销窗口；定期发布产销信息，完善200亩以上规模基地目录，向药企、医院、制药企业推介，引导国内大型药企、省内医院和制药企业到药材主产区采购中药材原料，争取提高省内药企和医院采购本省药材比例。大力推广"企业＋基地＋合作社＋农户"等模式，带动更多贫困农户增收。

五是聚焦优势单品，推动良种供应能力上台阶。推进天麻、石斛、白及、太子参、半夏、黄精等优势单品品种提纯复壮，认定一批道地性强、药效明显、质量稳定的中药材品种，支持优质、高效种子种苗生产技术研究成果应用，制定种子种苗生产技术规范。在优势产区建设一批规模化、专业化的区域性良种繁育基地，提高良种覆盖率，提高单位面积生产效率。

六是抓好基地建设，推动"定制药园"规模上台阶。用好产业发展资金，加强规模化标准化基地建设，提高规模化基地数量和质量，持续推进"定制药园"建设，扩大种植面积。同时，围绕中药材主产区配套建设初加工基地,提升中药材产品就地转化增值率。

七是强化科技创新与人才队伍建设。建立以科技研发、科技创新、科技服务组合的科技支撑体系,组织高校、科研院所、中药材相关企业等对中药材生产、加工等方面的重难点问题(如良种繁育、连作障碍、储藏等)进行立项、研究;加强平台与人才队伍建设,引入国内外专家、培养专业人才、壮大贵州中药材专家库;建立多级技术服务体系,定期开展技术培训和实地指导,完善技术服务体系;逐步形成以科研院校为科技支撑,以中药材企业为主体,以中药材标准化基地为平台的农科教、产学研相结合的科技创新机制,使科研与生产、科研与推广紧密结合。

第五节 中药材产业发展典型案例

"十三五"以来,面对复杂多变的经济新形势,贵州中药材产业进入了转型升级阶段并取得了较好的成果,在当中也涌现出多种的生产—销售模式,为持续推进产业发展探索出可复制、可操作的成功经验。

一、订单模式

订单模式是针对订单提前进行生产规划的一类生产—销售模式,可以减少价格波动、库存等带来的潜在风险。影响中药材的供需和价格波动的因素复杂多样，碎片化、盲目化的发展容易造成供需错位、库存过多等问题。贵州多年生品种的生产周期大多在三年左右，其市场供需、价格的波动难以预测。通过引导企业等利用订单式合作带动中药材专业合作社、种植大户、药农种植中药材，可以充分发挥企业资源配置和产业引领作用，达到生产资源合理配置的目的。目前该模式已逐渐演变成了"公司＋合作社＋农户""合作社＋基地＋农户""企业＋合作社＋基地＋农户"等合作形式，通过订单联合种植、资源入股、扶贫资金入股、保底收购等利益联结机制，保障农户收益。

在订单模式不断发展下，"定制药园"应运而生。2019年10月，贵州省中医药管理局等11个部门联合印发《全面推进"定制药园"建设工作方案》，提出要充分发挥贵州丰富的中药材资源优势，建设一批"定制药园"。"定制药园"通过订单的方式，将企业、基地和农户的利益联系在一起，以"大数据"为基石，加强质量监督、强化职能部门职责，形成覆盖种植、生产、初加工、仓储、销售全过程的质量安全监督体系和中药材生产流通全过程追溯体系。目前全省通过贵州省中医药管理局认证的"定制药园"共37家。

在订单模式中，有的企业是只下订单，其他的种子种苗、农药化肥由合作社或种植户自己解决，最后企业回收产品。也有的是企业提供种子种苗、农药化肥等生产物质，按照企业技术标准，最后由企业回收产品。

签订单时有以下几个方面需要注意：首先是价格问题，有的订单是保底价收购，有的订单是市场价收购，当市场价高于保底价时，按市场价收购，这样一定程度上照顾了农户的利益。其次是双方甚至多方约定好责权利之间的关系，如种苗款的支付时间，土地入股的作价，农资的提供和价格、药材要达到的质量和产量水平等，涉及扶贫办、龙头企业、农户多方关系，由龙头企业统一提供种苗、农资、基本设施和种植培训，让扶贫办对每一户农民补贴的资金在监督之下统一使用。当企业达到一个生产阶段之后，将扶贫资金和相应利润分配给农户，也可通过种苗结算加保底收购模式，带动并保证农户的收益。

订单模式最重要的一点是诚信问题，签订双方都要讲诚信，在订单模式发展过程中，也出现过一些不该出现的现象，有的企业在签订单时，提出要先收取 20%~50% 的种苗款，等拿到这部分种苗款后就消失不见了，导致后期药材无企业收购；另一方面，有的企业前期免费提供了种苗、农资等投入，到了药材收获的季节，药材价格上涨，农户以产量水平低等理由，只卖一部分药材给下订单的企业，大部分拿到市场上高价卖出，导致企业投入无法收回。

在订单模式的发展过程中，订单模式不断完善，越来越多的地方政府、产业协会、行业协会等担当起撮合订单签订或担保的第三方，为订单模式注入了新的活力，省内越来越多的龙头企业加入到中药材订单生产模式中来，如贵州信邦制药股份有限公司在松桃、石阡等地，国药集团同济堂（贵州）制药有限公司在江口、雷山等地，贵州百灵企业集团制药股份有限公司在紫云、镇宁等地，贵州省中药材公司在台江、麻江等地，昌昊金煌（贵州）中药有限公司在丹寨、赫章等地均采用订单模式建立起中药材生产基地。

二、产学研用协作模式

中药材的生产与普通农作物生产不同，其质量要求严格，但目前研究基础薄弱、技术空白较多。从中药材品种鉴定、种子种苗选育、病虫害防治到采收加工、包装贮运技术等都有很多技术难点。这些问题的解决，依靠高水平的科学研究和大量新技术的运用。只有解决了技术难关，才能实现中药材生产的标准化和现代化。通过高校、科研院所、科研公司等力量解决上述问题，再将种植技术通过培训等方式传授给种植农户，以提高中药材产业的科技水平、实现种植基地等的规模化、科学化、现代化的发展。

在脱贫攻坚和乡村产业振兴中，贵州省中药材产业工作专班成立了中药材专家指导组，并下设天麻、太子参、白及、黄精、半夏、钩藤、薏苡仁、石斛8个单品行动组，以贵州大学、贵州中医药大学、贵州省农业科学院为代表的贵州省中药材种植科技人员纷纷发挥各自团队的优势，紧紧围绕8个重点单品的产业需求，将科研方向与产业需求紧密结合，将科研成果在企业基地进行示范，通过技术示范和技术培训，以及现场技术指导等方式，将成果转化为生产力，促进产业节本、提质、增效，提升产业的核心竞争力。

在产学研用协作模式中，政府职能部门一般都会通过各种方式，积极引导产学研用各方，促成协作。以苏州市科技局、铜仁市科技局举办的"苏铜情·共圆科技兴农梦"揭榜比拼大赛最为典型，大赛针对铜仁市黄精、天麻、红薯等产业发展技术需求，破解产业发展技术难题发布技术榜单，通过揭榜比拼大赛，评选出最优解决方案。大赛吸引了来自江南大学、苏州市农科院、贵州大学等单位的 18 个技术团队进行角逐，最后由来自西南大学等单位的专家组成的评审组评选出 7 个技术团队中榜开展相关研究工作。此次大赛搭建起铜仁与贵州省内高校、苏州科研单位的技术交流合作平台，为解决地方产业发展技术瓶颈和技术难题探索新方法和新路径起着积极作用，对推进地方创新体系的开放合作、引入科技资源促进产业发展具有较大意义。

产学研用协作模式需要防止下面的问题：从产业企业反映情况来看，有些研发机构和技术人员，不能实事求是地评估自己的擅长领域和技术力量，不能经受住生产实践的检验，大肆宣传自己技术成果的先进性和创新性，贬低其他科技人员的成果创新；有的技术成果熟化程度不是很高，还达不到大规模产业化应用的阶段，就开始大干快上，给生产造成无可挽回的损失；还有些企业研发机构通过到知名实验室拍张照片，与知名技术人员合个照，就开始大肆宣传双方合作关系，让不明真相的群众上当受骗；甚至有的企业名称看上去像一个非常正规、实力很强的研发机构，实际技术力量很是薄弱，以科技研发之名，行坑蒙拐骗之实。从科研机构和技术人员反映的情况来看，有的企业不讲信誉，需要企业提供的研发示范条件不提供，承诺给予科研人员的资金不能及时到位，与科研机构一起申报项目时的约定不执行，不配合科技人员的工作，与科技人员争名夺利，将科技人员成果据为己有。还有一种情况是由于合作协议签订的条款过于宽泛，无具体内容，无详细目标，无考核指标，出现问题双方互相推诿扯皮，指责是对方的过错，合作也就不了了之。

产学研用协作模式总体上是成功的，是值得推广的一种产业发展模式。通过产学研用联合攻关，发挥各自优势，形成"产业对科研院所提需求—高校科研院所搞研发及培训基层科技人员—企业给基地下种植订单—本土科技人员示范指导—农户种植交订单"的科技成果转化推广闭环螺旋发展新模式，在此过程中，培育了企业的担当，打造了企业的品牌，培养了本土科技人员，带动了农民增收，服务了地方经济社会发展，巩固了脱贫攻坚成果，构建了政产学研用五方共同发展的良好社会生态。

三、一二三产业融合模式

一二三产业融合发展是指以农业为基本依托，通过产业联动、产业集聚、技术渗透、体制创新等方式，将资本、技术以及资源等要素进行跨界集约化配置，使农业生产、农产品加工和销售、餐饮、休闲以及其他服务业有机地整合在一起，使得农村的一二三产业紧密相连、协同发展，最终实现了农业产业链延伸、产业范围扩展和农民收入增加。三产融合是为了解决农业产业附加值过低，延伸农业产业链和价值链。在目前重要农产品价格下跌的背景下，加快推进农村一二三产业融合发展，有利于拓宽农民增收渠道，推动农村创业创新，汇聚农业农村发展新动能，对于稳增长、调结构、惠民生具有重要促进作用。

要实现贵州中药产业的三产融合，第一产业要聚焦中药材的道地性，重点在于种子种苗的培育和规范化、标准化种植；第二产业要重点解决道地药材的药食同源问题和相关产品的加工、开发及推广等问题；第三产业要积极拓宽产品销售渠道，提高其市场占有力和竞争力，并结合贵州旅游产业的发展，充分利用中药材种植基地等资源，开发药膳食疗等产品。

根据发展方式的不同，一二三产业融合发展模式可分为"一产推动模式"和"二三产带动模式"。一产推动模式：此模式是先有第一产业，在此基础上发展第二产业，再到第三产业。施秉从20世纪90年代开始引种太子参，从最初的几十亩发展到如今的35万亩以上，最开始施秉太子参的主要销售途径是企业的原料收购，这种销售方式效益低下，市场风险大，对产业健康可持续发展很不利，为改变这种局面，只有开发周边产品才能把产业发展之路走得更长远。于是下定决心，开发太子参保健品，并在2020年获得国家市场监督管理总局的国产保健食品注册证书。由二三产业带动一产业发展的典型案例要数国药集团同济堂（贵州）制药有限公司（原贵州同济堂制药有限公司）在江口、雷山等地建设的淫羊藿基地，由于其产品仙灵骨葆胶囊对淫羊藿的大量需求，该公司从"十一五"期间，在国家科技支撑计划项目支持下，开展淫羊藿野生抚育技术研究，并取得种子育苗技术的突破，在贵阳花溪建成了种子标准化温室设施育苗基地，在雷山建成了淫羊藿野生抚育基地，在江口建成了淫羊藿大田育苗基地与种子生产基地，带动了当地中药材产业发展，助力了农户增收，巩固了脱贫攻坚成果。除了中成药产品带动基地建设外，中药饮片厂也可以带动中药材种植发展，这方面的典型案例是信邦集团下属贵州同德药业有限公司带动贵州道地药材黄精种植基地建设。贵州同德药业有限公司是贵州信邦制药集团公司与江苏省中医院共同投资建设的中药饮片生产企业，为满足饮片生产的中药材黄精原料来源，同德公司先后在松桃、石阡等地按照规范化基地建设的标准，带动中药种植农户1528户，种植中药材80余种，种植面积超过10万亩。

一二三产业融合发展模式需要注意的问题是，在产业发展过程中，无论是先有第一产业，还是先有第二、三产业，都是在产业发展有了一定基础，产业发展到一定阶段的产物，切不可盲目地进行融合升级，在基础没有打牢固，政策没有变明朗，市场没有稳定住，资金没有到位前，不要轻易地去为了融合而融合；另外一个值得注意的问题是，一二三产业融合发展过程中，有时候没有必要跨入到自己不熟悉的领域中摸爬滚打，可以采取合作的模式，从事第一产业、第二产业、第三产业的产业实体之间加强合作，建立合理的一二三产业利润分配机制，大家发挥各自的优势，共同提升产业的市场竞争力。

三大产业融合发展是产业升级发展的必然结果，也是产业形成良性发展的必经途径。三大产业融合发展既可以纵向融合，将产业链延长，也可以横向融合，打造产业集群和产业带，如种养结合；利用物联网、互联网、智能控制、远程诊断、产品标识等现代信息技术，整合现代生物技术、工程技术和农业设施，在相关领域扶持推进智慧农业，实现产品线上线下交易与信息深度融合等；农业与旅游、教育、文化、体育、会展、养生、养老等产业深度融合。大力发展创意农业，优秀农耕文化、农业主题公园等，支持农家乐、休闲农庄、森林人家、水乡渔村等农林渔各类休闲农业示范创建。

四、大健康农旅结合模式

在农业多功能拓展方面，"农业＋旅游""农业＋文化""农业＋健康养老"等新兴产业发展迅猛，农业的生态、文化、旅游等功能得到进一步挖掘，乡村旅游成为近年来发展最快、活力最强的领域。2015年，贵州省印发的《贵州省大健康医药产业发展六项实施计划》中提出，要进一步推进大健康产业发展，着力构建涵盖以"医"为支撑的健康医药医疗产业、以"养"为支撑的健康养老产业、以"健"为支撑的健康运动产业、以"管"为支撑的健康管理产业、以"游"为支撑的健康旅游产业、以"食"为支撑的健康药食材产业的大健康全产业链，深入推进大健康与大扶贫、大数据、大生态、大旅游的融合发展。

大健康农旅结合模式形式多样，内容丰富，各有特色。绥阳县紧紧围绕金银花药材，从种植开始，通过一步步的发展，建立了绥阳县国家农村产业融合发展示范园，核心区包括5个乡镇（街道），核心区面积4.5万亩，辐射带动全县各乡镇（街道）金银花产业发展。示范园以金银花为主导产业，根据产业基础、农村产业融合发展要求，示范园按照"一核二基三园"划分功能区，创建类型为功能拓展型。形成了"以花带旅，以旅促花"的休闲农业，开发出"金银花＋大扶贫"模式、"金银花＋大健康"模式、"金银花＋大旅游"模式、"金银花＋大生态"模式、"金银花＋大数据"模式、"金银花+大文化"模式六大模式。铜仁围绕旅游景区梵净山，依托得天独厚的生态和资源优势，高起点、高标准、大手笔规划了贵州梵净山大健康医药产业示范区，让大健康成为调优产业结构、培育新的经济增长点的重要举措，成为推动经济发展的新方略、新引擎和新动能。融"医、养、健、管、游、食"为一体、一二三产业相互关联、融合、渗透，整体打造"一核两翼四组团"的产业空间布局，实现核心区引领带动、两翼重点支撑、四组团有机协同，形成重点突出、功能互补、层次分明的大健康产业空间布局体系，逐步成长为铜仁"一区五地"的重要板块与支撑。还有企业通过设施种植基地，将种植与观光旅游结合，将整个基地分为北中南三个区域及一个多功能中心岛、一条活水河贯穿园区。由21组现代立体温室大棚、健身拓展中心、中药材加工厂等设备设施组成，形成特色中药材科研开发、种苗繁育、示范培训、精深加工、生态采摘、药膳餐饮、观光旅游为一体的现代中药材产业示范园。还有将药用植物资源保存与旅游观光结合，将植物园打造成为一个集药用植物资源保存、药材培育、养老养生、旅游观光、科普教育为一体的中药材生态旅游区。

　　大健康农旅结合模式最重要的是要有精准的定位，服务哪类群体，客源从哪里获得，交通条件是否便利，是否一年四季均有能够吸引客流的资源，运营方式如何组织等，这些都是要事先考虑到的。大健康农旅结合模式还有一点比较重要的是在药膳与餐饮方面，要注意使用的食材应符合国家的有关规定，不能将非食材用于食品的制作、加工和销售，详细情况可参考省卫生健康委员会公布的既是食品又是药品的中药材名单。

随着乡村振兴战略的实施，经济社会发展和人民生活水平的日益提高，中药材种植、中医药文化、旅游和大健康产业融合发展的热度会持续增长，市场前景广阔，大健康农旅结合模式未来将成为中药材产业发展的一个重要方向。

第二章

贵州重点发展的中药材种植加工实用技术

第一节 天麻

一、概述

天麻（*Gastrodia elata* Bl.）是兰科天麻属多年生草本植物。以干燥块茎入药，具有息风止痉、平抑肝阳、祛风通络的功效。用于小儿惊风、癫痫抽搐、破伤风、头痛眩晕、手足不遂、肢体麻木、风湿痹痛等症。近年来的研究发现，天麻还具有增智、健脑、延缓衰老的作用，对阿尔茨海默病有一定的疗效。贵州省"大方天麻""德江天麻""雷山乌杆天麻"均通过国家地理标志保护产品认证。

天麻是高度进化的异养型植物，在其整个生活史中需要与两种真菌共生才能完成生长发育。天麻种子非常细小，只有胚，无胚乳，种子需要小菇属（Mycena）一类真菌为其提供营养才能萌发，种子萌发后形成的原球茎需要另一种真菌蜜环菌（Armillaria mellea）的侵入为其继续提供营养，天麻才能完成由种子到原球茎、营养繁殖茎，再到米麻、白麻以及箭麻的生长发育过程，最后才可以依靠箭麻储存的营养，完成抽薹、开花、结果和种子发育的过程。

自 20 世纪 60 年代实现人工栽培，70 年代逐步推广以来，天麻有性繁殖、无性繁殖栽培技术已逐渐成熟。近年来，天麻栽培研究的重点主要集中于有性繁殖培育麻种、高产优质栽培、优良菌株培育、菌材树种选择使用、栽培新模式等方面。对菌材培养、第二营养（施肥）、环境及土壤条件、种植和管理方法等诸多问题也进行了探索。目前，在不同主产地形成了各具特色、行之有效的栽培模式与方法。

二、植物学特征

天麻为多年生草本植物，其一生大部分时间为不同形态的地下块茎，包括原球茎、营养繁殖茎、小白麻、大白麻、箭麻。白麻和箭麻为肉质肥厚的块茎，呈长扁圆形，上有均匀的环节，节处具有膜质鳞片。天麻不同形态的块茎均需要密环菌提供营养才能生长，所有块茎上往往会缠绕或多或少的菌索。天麻只有在生殖生长期才会长出地上部分，即箭麻继续发育，抽薹后从地下长出花茎，现蕾、开花、坐果，花茎高 0.5~1.3m，直径 0.5~2.0cm。天麻全体不含叶绿素，茎上有节，节上有鞘状包茎的鳞片，鳞片膜质互生，茎秆和鳞叶或肉红色或绿色或铁锈色。花茎上部至顶端开花，总状花序，一般每株可开 30~70 朵花，最多可达 100 多朵。呈花黄色或绿色、歪壶形，两性花，雄蕊 1 枚，花药通常 2 室，心皮 3 枚，合生，柱头侧生，凹陷，子房下位，侧膜胎座，1室，胚珠倒生。开花授粉后如温度在25℃左右，果实约20~25天即可成熟；果长为卵形、淡褐色。每果具有种子2万粒以上，种子极微小，肉眼难以分辨，借助放大镜或显微镜方可看清。

三、生物学特性

（一）对环境的条件要求

天麻喜凉爽、湿润环境，怕冻、怕旱、怕高温、怕积水。在年降雨量1000~1600mm、夏季温度25℃~28℃、空气相对湿度80%~90%、土壤含水量40%~60%、土壤pH值5~6的冷凉湿润环境，天麻生长最好。野生天麻多分布于山地杂木林或针叶与阔叶混交林或灌木丛。

（二）生长发育习性

5~6月天麻种子成熟后，小茹属真菌等萌发菌菌丝侵入种胚，天麻原胚细胞消化萌发菌菌丝获得营养，在适宜的温度条件下，经过20~25天即可发芽，形成原球茎。原球茎逐渐生长出似豆芽状7~8节的营养繁殖茎（简称营繁茎），营繁茎可被蜜环菌侵染，被蜜环菌侵染的营繁茎短而粗，一般长为0.5~1cm，顶端长出细小米麻，节处长出侧芽，小米麻和侧芽可生长出白麻和米麻，长可达4~5cm。蜜环菌以菌索形态主要侵入营繁茎，营繁茎靠消化蜜环菌侵染的菌丝获得营养。入冬前白麻生长到6~7cm长，直径达1.5~2cm，可达到作为麻种移栽的程度。天麻种子播种当年，以白麻和米麻越冬。越冬后的白麻和米麻，进行第二次无性繁殖。第二年早春当土壤温度升高到6℃~8℃时，蜜环菌菌索开始萌动生长与白麻接触，菌素萌生出分枝侵入白麻。当气温升高到15℃左右时，白麻顶端生长锥开始萌动生芽。至第二年冬季，米麻或营繁茎前端长成白麻，而白麻营繁茎前端即发育成具有顶芽的箭麻进入生殖生长阶段。若接不上蜜环菌，则营繁茎细长如豆芽状，新生麻比原母麻还小，逐渐消亡。天麻种子播种第二年，以箭麻、白麻或米麻越冬。

（三）开花习性

天麻种子播种第三年的春天，自然条件下5~6月，人工种植条件下3~4月，箭麻顶芽萌动，露出地面，抽薹、开花。一般抽薹露出地面至现蕾需要10~15天；现蕾至开花需要7~10天，开花、坐果，至果实成熟一般需要20~25天。自然条件下，6月中下旬果实成熟；人工种植条件下，4~5月果实成熟。

四、繁殖技术

天麻的繁殖方法分为无性繁殖和有性繁殖两种。

（一）无性繁殖

在天麻采挖时，选择健康、无病虫和机械损伤的米麻或小白麻做麻种，用于无性种植播种。

（二）有性繁殖

1. 选种麻：在天麻采挖时，选择100g以上外观形状好，顶芽红润、饱满，无病虫害、无破伤、无畸形的箭麻为种麻。

2. 种麻栽种：2月下旬至3月初，在人工制种棚或制种室内，以河沙或壤土做基质筑制种床，宽 1m，高 25~30cm。将箭麻顶芽朝上平放栽种于制种床，平行摆放，间距 5cm，行距 10~15cm。

3. 人工授粉：箭麻栽种后，顶芽逐渐萌发，20~30 天后，抽薹开花。此时需及时人工授粉，一般于开花前 1 天或当天进行，用不锈钢镊子或牙签辅助人工授粉。授粉前，授粉人员将手彻底清洗干净，用左手轻轻捏住花朵的子房外壳，右手用镊子或牙签剥压花的唇瓣，露出合蕊柱，轻轻挑起合蕊柱顶端的花药帽和花粉块，除去花药帽，将花粉块粘在雌蕊柱头上，完成授粉。同一株箭麻，花朵由下向上逐层开放，授粉也由下向上分批进行。

4. 蒴果采收：授粉后，逐渐长出蒴果，约 1 个月（一般 5~6 月），果色渐深暗，纵缝线日益明显，表示蒴果即将成熟，当果壳上的纵缝线刚出现开裂时，即为种子的最佳采收期，须立即采收，否则蒴果开裂，种子逸出。采种时，根据蒴果成熟情况分批采收，装入种子袋（纸袋、信封等），冷藏或播种。天麻种子寿命短，如不能及时播种，必须低温（0℃~4℃）储藏，而且时间最好不要超过一周。

五、种植技术

（一）选择品种

药典收栽的天麻基原植物只有一种，即天麻属植物天麻，在其种内有许多变异类型，如红天麻（Gastrodia elata Bl.f. elata）、乌天麻（Gastrodia elata Bl.f.glauca S Chow）、绿天麻（Gastrodia elata Bl.f, viridis Makino）及黄天麻（Gastrodia elata Bl. f.flavida S Chow）。贵州种植类型主要是红天麻和乌天麻，尤以红天麻种植

面积最大，另外，绿天麻也有少量种植。

（二）天麻种植的前期准备

1. 培植菌棒

培养好的"菌材"是提高天麻产量的关键。蜜环菌为好气性兼性寄生真菌，在土壤板结、透气性不良及浸水的环境下生长不好。蜜环菌在6℃~8℃时开始生长，20℃~25℃生长最快，超过30℃停止生长。

（1）蜜环菌准备：可以用野生蜜环菌、已伴栽过天麻的旧菌材上的蜜环菌、培养的新蜜环菌作为菌种，培养种植用蜜环菌。

（2）培植菌棒的树材：一般多用阔叶树种，如青杠、板栗、野樱桃、槲栎、栓皮栎、胡桃、枫杨、冬瓜杨、法桐、花揪斑等树木。选择直径3~7cm的新鲜树干、枝条，锯成30~50cm的木段，表面砍成深达木质部3mm左右的鱼鳞口2~3列。

（3）培植菌棒：室外培养，3~8月均可，有堆培、窖培、穴培等方法。6~8月培养菌材，泥土温高，蜜环菌长得快；9月以后气温下降，蜜环菌生长缓慢，当年不能使用，不宜培养菌材。

选天麻栽培地附近较湿润的地方挖窖，窖深33~50cm，大小根据地势及菌材数量而定。将窖底土挖松5~10cm，铺放木段、中间留有2cm左右间隙，放平整后在鱼鳞口处接蜜环菌，用生土填实缝隙，超过木材1cm厚，覆土要求实而不紧，之后再放另一层木材和菌种，依次堆4~5层，最后顶部覆土8~10cm，浇水保持穴内湿度。

穴培法：在林地挖种植穴，深20~30cm，松底土5~8cm，铺放木段，在鱼鳞口处接蜜环菌，填生土，超过木材 1cm 厚，填土实而不紧，培植 1~2 层，最后穴顶部覆土 8~10cm，盖树叶或杂草。

2. 挖种植穴：天麻种植不以"亩"为单位，而是以"窝""穴"或"窖"为单位。选择有野生天麻生长分布的环境，进行天麻仿野生种植，或选择林木遮阴度 50%~75%，坡度为 25 度以下环境，根据植被分布和生长情况，于林间或灌木丛间挖种植穴，顺坡挖穴，种植穴布置尽量分散，根据小地形设置种植穴数量和大小，穴不宜过大，一般单个种植穴面积 0.5~1m²，深 20~25cm，每亩种植天麻 50m²。

（三）栽种

1. 用小白麻作种栽种

（1）蜜环菌培养：能生长蜜环菌的树种很多，以青杠、野樱桃、漆树为主。

培植菌材：以每年冬季至次年春天树木开始生长以前采集的木棒较好，菌材培养方法有堆培、窖培、穴培，其中以窖培、穴培为好。

（2）播种种植：在贵州，无性种植可在 11 月下旬至次年正月上旬，或次年初春的 2~3 月进行。提前挖好麻穴或将培植好菌棒的麻穴扒开，翻松穴底土，刨平，平铺一层 3~5cm 厚的落叶，压实。摆好菌棒，填土至菌棒一半的高度，摆麻种。挑选长 5~10cm、生长健壮的白麻作为麻种，摆在两棒之间紧贴一侧菌棒，麻种之间间隔 10~15cm，种麻的放置数量以麻种大小而定，菌棒两头各放 1~2 个麻种，一般每平方米用麻种 500g 左右。每穴种植 1~2 层，穴顶覆土 8~10cm 厚，最后用落叶或杂草覆盖保湿。

2.种子作种栽种

选地、挖穴和蜜环菌菌棒培养与无性繁殖种植相同，选生长较好、萌发率高的萌发菌菌株，最好是当地野生采集培养选出的优良菌株。

（1）拌种：5~6月，将已培养好，长满小菇属萌发菌生产菌种的树叶，稍抖散；用复合基质培养萌发菌的，取出基质，掰开成 2~3cm 大小的块状，放内面光滑的盆中。将成熟的天麻果撕裂，抖出种子，轻轻撒在菌叶（菌块）上，边撒种边搅拌均匀，装入塑料袋，放在通风、干燥、无菌的暗室中，菌袋不重叠，室温控制在 20℃~25℃，以恢复萌发菌的长势，待用。每平方米用菌叶 1~2 瓶，拌 10~20 颗硕果的种子。

（2）播种：5~6月，利用预先培养好蜜环菌菌棒的菌床或菌材拌播。挖好麻穴或扒开菌床取出菌棒，在穴底铺一薄层壳斗科树种的湿树叶，将拌好种子的菌叶（菌块）分为两份，一份撒在底层，按原样摆好下层菌棒，棒间仍留 3~5cm 间隙，覆土至菌棒厚度的二分之一处，再铺湿树叶，然后将另一半拌种菌叶撒播在上层，覆土 8~10cm 厚，覆土同样要求实而不紧，穴顶盖一层树叶保湿。

（四）田间管理

种植完成后，定期或不定期地检查天麻窝的水分和病虫害。

1.防冻

天麻越冬期间，在土壤中一般可以耐 0℃~-4℃低温；若暴露在 0℃左右的空气中，块茎就会受冻害。

如遇骤然降温，极易造成冻害。一旦种麻遭到冻害，就会使产量降低或无收成。因此，要谨防入冬后第一次寒流及开春后的"倒春寒"。遇寒流时，不能翻栽，要用树叶、杂草、包谷秆、豆秆及薄膜覆盖天麻穴，使地温维持在0℃~5℃以防冻。

2. 防旱

天麻对干旱反应灵敏。11月至次年2月为天麻的冬眠期，应控湿防冻，土壤含水量30%左右，干爽松散即可（一般不浇水）；早春土壤保持湿润状态，天麻就可以正常维持生命。3~5月，若春旱下雨少，应适当浇水，促进天麻与蜜环菌的生长。春旱时，在种植穴表面覆一层10~15cm厚的树叶或秸秆，再盖一层塑料薄膜保湿。夏季，拆去塑料薄膜，留下树叶、秸秆遮阴保温。6~8月及9月上旬是天麻旺盛生长期。9月中下旬至10月以后，天麻生长缓慢，需水量少，应少浇甚至停止浇水，控制土壤含水量在50%左右，抑制蜜环菌"疯长"。

有性繁殖播种的，保持麻穴湿润，有利于种子萌发，若干旱少雨，应适当浇水，促进种子萌发和原球茎与蜜环菌接菌共生。同时，在麻穴表面覆一层10~15cm厚的树叶或秸秆，再盖一层塑料薄膜保湿。

3. 增地温

开春后，为加快天麻长势，应及时覆盖地膜增温，5月中旬气温升高后又必须撤去地膜。

4. 防高温

天麻和蜜环菌最适宜20℃~25℃生长，当天麻生长层地温升到

30℃以上时，蜜环菌和天麻就进入高温休眠状态。易高温干旱的地区，应厚盖树叶、秸秆，并喷水降温，把地温控制在28℃以下。缩短天麻的高温休眠期，天麻生长期间不必拔草、追肥。

5.防涝

天麻栽培穴积水2~4天，就会引起腐烂。因此，雨季注意顺坡开沟排水，9月下旬后，气温逐渐降低，天麻生长缓慢。但是蜜环菌在6℃时仍可生长，这时水分大，蜜环菌生长旺盛，可侵染新生麻。这种环境条件下不利于天麻生长，只是利于蜜环菌生长，从而使蜜环菌进一步侵染入天麻内层，引起麻体腐烂。因此，9~10月份要特别注意防涝。10月下旬要减少或停止人工浇水，宁旱而勿涝。

六、病虫草害防控技术

（一）病害

生产上把引起天麻块茎腐烂的病原菌统称为"杂菌"，主要是指在种植穴中的蜜环菌和萌发菌以外的其他菌类。杂菌大多为绿色、黑色、红色、黄色，少数为白色，有呛鼻的异味，会抑制蜜环菌生长，造成天麻腐烂。病害防治方法主要有以下几种：

1.种植地：选择杂菌少、水分适宜、排水良好的砂质壤土或缓坡地。不选择肥沃的熟地，且远离家禽养殖场（舍），以减少杂菌的污染。

2.纯化菌种：培养菌枝、菌棒时所用的蜜环菌种一定要优、要纯，避免使用本身带杂菌的菌棒或菌枝。

3. 加大接菌量：在培养菌棒、菌枝时，多加点菌种或老菌棒，只要蜜环菌长得快，就会抑制杂菌生长。

4. 选用新鲜阔叶树培养菌材：因杂菌大多只在腐烂的木材上生长，而蜜环菌在腐烂木材和新鲜树棒上都可生长，故培育菌棒时应随砍随用，尽量不用干材。

5. 麻穴适宜：麻穴不宜过大、过深，特别是水位高的地方或降雨量大的地区，不利于蜜环菌生长。

6. 控制湿度：应保持穴内湿度适宜，湿度过大应去掉或减薄覆盖物，使之通风，或在穴周围挖排水沟。干旱时应适当少浇水、勤浇水，水源要尽可能干净（如泉水、井水、河水、自来水等），不用废水、污染水、洗衣水、臭塘水。

7. 杀死菌材上轻微污染的杂菌：可将菌材在太阳下翻晒2~3日，让紫外线杀死表面的杂菌，而蜜环菌在适宜条件下还可以从树皮下生长，故菌材仍可利用。如杂菌污染较重，便不宜再用，应远移烧毁，防止扩散。

8. 选用天麻良种：最好选用正规单位驯化繁殖的有性0代、一代天麻种，其适应气候和抗病能力强，繁殖系数高，可连续栽三年。

块茎腐烂病：主要有块茎腐烂病、块茎锈腐病和其他杂菌引起的天麻块茎腐烂。染病天麻早期出现黑斑，后期腐烂；天麻的维管束系统被病菌侵染而出现中柱黑斑，导致天麻腐烂。防治方法：杂菌污染的穴不能再栽天麻；培养菌枝、菌材、菌床时所选用的菌种一定要纯；培养菌材、菌床时尽量不用干材培菌；菌坑不宜过大过深。

日灼病：主要是有性繁殖时栽种的箭麻由于遮阴不良，烈日照射花茎所致的日灼病。表现为天麻花茎向阳面受强光照射后颜色加深、变黑，遇阴雨染霉菌，茎秆倒伏。防治方法：育种圃应选择树荫下或遮阴的地方，太阳照射应搭棚遮阴。

（二）虫害

1. 蝼蛄（俗称拉拉蛄）

以成虫或幼虫在天麻表土层下开掘纵横隧道，咀食天麻块茎，造成缺痕或孔洞，使天麻残缺不全；或咀断蜜环菌菌索，破坏天麻与蜜环菌的关系。

药物防治：毒饵诱杀法，用90%敌百虫0.15kg兑水成30倍液，将5kg谷秕子煮成半熟，凉后拌上述敌百虫液，制成毒谷，或将5公斤麦麸、米糠等炒香，拌药制成毒饵。用时加饵料重量1~1.5倍的水。于傍晚，将毒饵撒在蝼的隧道处。

2. 蛴螬（俗名又称地蚕和土蚕）

以幼虫在天麻窝内咀食天麻块茎，将天麻咬成空洞，并在菌材上蛀洞越冬，毁坏菌材。

①防治成虫：在成虫盛发期，用90%敌百虫800~1000倍液喷雾，或用90%敌百虫，每公顷1.5~3kg，加少量水稀释后拌细土15~20kg制成毒土撒施。

②防治幼虫：在幼虫发生量大的地块，用90%敌百虫稀释成800倍液，或用700~1000倍液的50%辛硫磷乳油，在穴内浇灌。

最好种植时进行土壤药剂处理，每1000平方米施用5%辛硫磷颗粒剂 2kg，施药后用土将药盖好。

3. 白蚁

主要危害菌棒，对天麻生产影响很大，可选择杀白蚁的药物防治。为了防止土蚕、蚂蚁等害虫对蜜环菌索、麻种的危害，应在种植天麻前对沟底喷一次杀虫剂；种植后，在种植穴表面再喷一次杀虫剂。防治病虫害，应选择高效、低毒、低残留的农药品种，合理使用农药、把农药使用量压低到最低水平。

4. 介壳虫

常群集于天麻块茎上吸食天麻汁液，受危害的天麻块茎色深，严重时块茎瘦小停止生长，有时在菌材上也可见到群集的粉蚧。

防治方法：发现天麻块茎或菌材上有粉蚧，如系个别穴发生，应将菌棒放在原穴中架火焚烧；取出天麻（白麻、米麻和箭麻），一齐水煮加工入药。如果大部分栽培穴都遭介壳虫危害，应将天麻全部加工，所有菌棒烧毁处理，此块地也要停止种天麻，杜绝蔓延。

5. 鼠害

老鼠喜食天麻，可养猫捕抓老鼠，或用铁笼诱捕、毒饵诱杀。另外还要防止牲畜践踏、狗、猪掏食天麻。

七、留种技术

（一）选种

选麻种：在天麻采挖时选择色泽正常、顶端生长锥白嫩、无机械损伤、无病虫害的米麻或小白麻作为无性种植用的麻种，以有性繁殖后的第 1~3 代米麻或小白麻做种为好。

选种麻：在天麻采挖时选择顶芽红润、饱满，无病虫害、无破伤、大小合适的箭麻留做种麻，用于有性繁殖培养实生种子。

（二）保种

用于无性繁殖种植的麻种最好边采种边播种，来不及播种的，做好保温保湿措施，存放时间最好不要超过一周。

用于有性繁殖培养实生种子的箭麻，则需要妥善贮藏。在室内或合适的容器（砖池、大瓦盆或木箱）内，按照一层湿砂一层麻的方式，将种麻一个个平行摆放，层积累高度一般 50~60cm，贮藏温度应控制在 2℃~5℃为宜。

八、加工技术

（一）采收

不管冬栽或夏播的天麻，都应在其休眠期收获。深秋季节随着气温的下降，天麻在完成生长发育后，箭麻、白麻和米麻已逐渐分化生长完毕便开始进入休眠期。此时块茎表面颜色加深，由幼嫩时白黄色转变为淡黄色，周皮稍加厚成熟，顶部呈现有明显的顶芽，白麻和米麻已能清楚区分。箭麻体大，顶端生长有红色花茎芽，而白麻米麻顶芽仅是一个又白又嫩的生长锥。当块茎已不再继续生长，体积大小已基本定型，这时意味着即将进入休眠期，便是适宜收获的季节。

无性繁殖种植的，一般栽后当年底或次年春收获。有性繁殖种植的一般可当年移栽或播后一年半收获。

用人工刨挖法，先去掉穴土杂草或其他覆盖物，小心扒去表土，取出箭麻、白麻和米麻，并分级放入筐内。要轻取轻放，仔细装运，尽量避免机械损伤。

（二）加工

商品麻（箭麻）收获后要及时加工。

1.分级：天麻的大小及完好程度直接影响到蒸煮时间和干燥率。因此，应根据天麻块茎的大小分为3~4个等级。单体重150g以上的为一等；70~150g的为二等；70g以下的为三等。破损的、有病虫的箭麻和白麻，切去受害部分，统归于等外品。

2.清洗：用毛刷、海绵等刷洗后，用清水漂净。不宜长时间在水中浸泡，以免有效成分溶于水中。洗完后要及时蒸煮，如过夜或放置过久，则加工的天麻色泽不鲜，影响药效和销售。清洗中，要保护好顶芽，这是顾客鉴别真假天麻的重要特征。

3.蒸煮：如果不经蒸煮，直接干燥，天麻就会皱缩，不透明、色泽极差。数量不大时用蒸法，一等天麻蒸15~30分钟，二等天麻蒸10~15分钟，三等天麻蒸5~10分钟，等外品蒸5分钟。加工量大时，用水煮法。即水沸后，将天麻按等级，先大后小分次投入沸水中，水浸过天麻，小火维持温度；大于150g的煮10~15分钟，100~150g的煮8~15分钟，100g以下的煮7~10分钟，等外的煮5分钟。检验是否煮好的方法是：将天麻捞起后体表水分会很快散失；对着阳光或灯光看，麻体内没有黑心，呈透明状；用细竹插能顺利进入麻体。达到上述程度应及时出锅，放入清水里浸后即捞出，防止过熟和互相黏缩，扯伤表皮。

4.烘烤：蒸煮之后要及时进行干燥，晒干或烘干均可。烘干时，天麻分层摆放，每层不能太厚，慢火干燥，初始温度以50℃~60℃为宜，过高（超过80℃），易形成硬壳，起泡中空，俗称"溏心蛋"；过低（小于45℃），易滋生霉菌引起腐烂。干至7~8成时，停火，取出压扁整形，堆叠发汗1~2天，继续烘烤，至30小时，升温到70℃左右，但不能超过80℃。一般烘烤60小时左右，相互敲击发出清脆声，表面无焦斑鼓泡现象，断面白色坚实者佳。全部干透后，出烤房，装入密封的塑料袋内。

（三）药材质量标准

《中华人民共和国药典》（2020版）对成品天麻的质量标准为：本品呈椭圆形或长条形，略扁，皱缩而稍弯曲，长 3×15cm，宽 1.5×6cm，厚 0.5×2cm。表面呈黄白色至黄棕色，有纵皱纹及由潜伏芽排列而成的横环纹多轮，有时可见棕褐色菌索。顶端有红棕色至深棕色鹦嘴状的芽或残留茎基；另端有圆脐形疤痕。质坚硬，不易折断，断面较平坦，呈黄白色至淡棕色，角质样。气微，味甘。天麻素（$C_{13}H_{18}O_7$）和对羟基苯甲醇（$C_7H_8O_2$）的总量不得少于 0.25%。按干燥品计算，醇溶性浸出物不得少于15.0%，天麻素（$C_{13}H_{18}O_7$）含量不得少于0.20%，总灰分不得过 4.5%。

（四）贮藏

包装前应再次检查、清除劣质品天麻。包装器材（袋、盒、箱）应是无污染的、新的，不易破损的，以保证贮藏、运输使用过程中的品质。包装时必须有标签注明药材品名、产地、采收日期、采收单位、调出日期、调出单位、调出数量、注意事项，并附有质量合格标志。加工好的商品天麻，如不能及时出售，就必须在通风、干燥条件下妥善贮藏好，防止回潮霉变或虫蛀，以免影响品质。

第二节　太子参

一、概述

太子参为石竹科植物孩儿参（Pseudostellaria heterophylla(Miq.) Pax ex Pax et Hoffm.）的干燥块根。具有益气健脾，生津润肺之功效。常用于脾虚体倦，食欲不振，病后虚弱，气阴不足，自汗口渴，肺燥干咳。目前，贵州省种植面积达 33.5 万亩，涉及 9 个市（州）49 个县，其中种植面积最大的地区是黔东南州，达 21 万亩；贵州太子参是全国三大产区之一，产量占全国三分之一以上。2004 年，施秉太子参通过了国家 GAP 认证。施秉太子参以色泽好、药效佳、个体饱满等优良品质受到各地药商的青睐，形成了"施秉太子参"品牌。

贵州太子参有二十多年的种植历史，选育了适宜本地种植的优良品种。贵州省农作物品种审定委员会，2011 年审定通过的"黔太子参 1 号"品种（黔审药 2011001 号），2021 年认定通过的"贵参 1 号"品种，均为贵州本地主栽品种。

二、植物学特征

太子参是多年生草本植物，高 15~20cm。块根长为纺锤形，呈白色，稍带灰黄。茎直立，单生，被 2 列短毛。茎下部叶有 1~2 对，叶片倒披针形，顶端钝尖，基部渐狭呈长柄状，上部叶有 2~3 对，叶片宽卵形或菱状卵形，长 3~6cm，宽 2~17（~20）mm，顶端渐尖，基部渐狭，上面无毛，下面沿脉疏生柔毛。开花受精花 1~3 朵，腋生或呈聚伞花序；花梗长 1~2cm，有时长达 4cm，被短柔毛；萼片 5 片，狭披针形，长约 5mm，顶端渐尖，外面及边缘疏生柔毛；花瓣 5 片，白色，长圆形或倒卵形，长 7~8mm，顶端有 2 浅裂；雄蕊 10 枚，短于花瓣；子房卵形，花柱 3 个，微长于雄蕊；柱头头状。闭花受精花具短梗；萼片疏生多细胞毛。蒴果宽卵形，含少数种子，顶端不裂或有 3 瓣裂；种子褐色，扁圆形，长约 1.5mm，具疣状凸起。花期在 4~7 月，果期在 7~8 月。

三、生物学特性

栽培太子参，生育周期为 4~5 个月，参根繁殖生育过程，基本可以分为以下几个阶段：

（一）萌芽生长阶段

一般太子参栽种后，气温逐渐下降到 15℃以下，土温 10℃时，种参即缓慢发芽、发根，经过越冬低温，到翌年幼苗出土，因温度较低，生长缓慢。太子参萌芽生长都是靠种参贮存的养分，因而要求种参肥大，基肥充足，早春地温高，促使其及早生长。

种子发芽长成幼苗，其根头上芽基部与地下茎的茎节处产生不定根，形成小块根；种子根也称胚根，在生长发育过程中，除了吸收土壤养分、水分稍有膨大外，自身随着植株当年生长周期的结束而逐渐解体、消亡直至腐烂。可见，太子参块根都由无性系不定根发育长大形成。太子参根系分布较浅，绝大部分分布在表土耕作层中，而块根的稠密、稀疏与分布的深浅，受太子参地下茎长短的影响，地下茎长短又受栽种深度的制约。太子参具有"茎节生根"而膨大形成块根的特性。从籽苗或种参长出的地下茎节上产生不定根形成子参；在子参根头的新芽基部又能长出孙参，相继延续生长，形成多节、多级新参根群。

太子参的有效发根早，在幼苗未出土之前即开始。植株在生育早期，主要增加块根的数量和根的长度，生育中期，块根不仅显著增加长度，并相应地增长根茎和根数，4月中旬，块根已出现纺锤形。5月中旬以后，植株进入生育后期，新生块根生长主要加粗根径。

（二）旺盛生长阶段

2月中旬出苗后，植株生长逐步增快，并进入现蕾、开花、结果等过程。地上部形成分枝，叶亦增大、增多，植株干重增长。4月中旬至5月中旬植株地上部分旺盛生长期；同时地下茎逐节发根，伸长，膨大，块根数量增多，干重增加。到6月中旬，植株生长量达最高峰，是植株生长旺盛的主要时期，也是植株吸收、代谢和积累养分的关键时期。

太子参块根的增长和地上部植株的繁茂程度关系密切。块根增长的大小与快慢，取决于植物生长情况，地上部植株干物质增重时，地下块根的膨大发育与干重也相应增加。另外，太子参生长发育过程中，地上部与块根又保持着一定的物质分配关系：在生育早、中期，气候温暖，平均温度在10℃~20℃、空气相对湿度较高时，地上植株生长繁茂、光合同化效能高，干重逐步增长，此时块根形成虽快，但块根膨大极微；到后期，气温上升，植株生长缓慢，甚至停滞，同化物质迅速转入块根，促进块根肥大。

（三）块根膨大阶段

从4月中旬开始，植株地上部分旺盛生长，不定根的数量、长度显著增加，并且膨大，至6月底进入休眠期，这是形成块根产量的主要时期。5月下旬至6月中旬植株地上部干物质向块根转移，6月下旬至7月上旬块根中干物质分配率最大。太子参地上部分旺盛生长时应加强肥水管理，促进与延长植物旺盛生长，对提高产量十分重要。

因此块根增重生长的高峰比地上部高峰出现稍迟。地上部与块根的干重比值（T/R）：块根形成时期为76.33~3.45；块根膨大盛期为3.45~0.67。太子参地下茎节间的长度有着顺序变化，茎节的多少不受栽种深度的影响，然而节间长短却受栽种深度的制约，差异很大，块根生长量的分配亦不同。一般宜栽种6~10cm深。

（四）休眠阶段

6月底开始，太子参地上部大量叶片枯黄脱落，至7月上旬，植株枯死，种参已腐烂掉，新参在土中开始相互散开，进入休眠越夏的阶段。太子参喜阴湿，如在阴蔽、湿润的条件下，能延迟到立秋以后倒苗。高温、干燥的热害是造成植株提前死亡而休眠越夏的直接原因，适当遮阴或冷凉气候可延长太子参生育期，提高产量。同时，此阶段是收获季节，也是留种越夏的关键时期。

太子参种子繁殖一年、二年、三年生的植株生长状况差异较大，分别进行阐述。

种子萌发苗第一年生长：种子2月萌发，主根纤细。3月下旬植株稍有增高，展2~3对真叶，主根无明显膨大。至4月下旬，茎下部1节匍匐，根茎处产生纤细的不定根。5月下旬，不定根渐膨大成块根状。进入夏季后替代块根增粗，长1cm左右，直径约1mm，茎1~2节匍匐。至8月下旬，匍匐茎第1节间枯萎，第1节上产生不定根且稍膨大。11月下旬，植株枯黄即将倒苗，匍匐茎枯萎，替代块根无明显增大，也不松泡，易脱落；第1节上的不定根增大，长1cm，直径1mm；替代块根和茎生块根顶芽明显，在土壤中越冬，翌年春萌发。

种子萌发苗第二年生长：种子萌发苗形成的块根，于翌年2月中下旬萌发，越冬块根直径0.1~0.2cm，仅有2对较小的叶。4月下旬植株略增高，越冬块根膨大至长0.8~2cm，直径0.15~0.35cm，少数开始松泡；根茎部产生稍膨大的不定根；茎下部1~2节匍匐；叶2~3对。至5月下旬越冬块根均已松泡，部分已腐烂，顶部根茎上的替代块根逐渐膨大。进入夏季越冬块根已腐烂，替代块根逐渐增大，长1.2~2cm，直径0.15~0.3cm；茎1~3节匍匐，节上生出纤细的不定根，植株直立部分矮小。8月下旬匍匐茎第1~2节间枯萎；替代块根没有明显增大，匍匐茎节上的不定根稍膨大形成茎生块根。至 11 月下旬叶已发黄植株即将倒苗；替代块根无明显增大，也不松泡，易脱落；茎生块根有增大，长 1~3cm，直径 0.2~0.35cm；顶芽均已十分明显。

种子萌发经 2—3 年营养生长后，植株进入有性生殖阶段，即太子参无性生殖与有性生殖并存阶段。

四、繁殖技术

太子参的繁殖方式有块根繁殖、种子繁殖和组培快繁三种，主要以块根繁殖为主。

（一）块根繁殖

太子参大面积生产多采用块根繁殖方式，贵州地区一般在 10 月上旬至 12 月上、中旬之前均可栽种，但以 10 月下旬前为宜，过迟则种参随着温度降低开始萌芽，栽种时易碰伤芽头，影响出苗；气温过低而土地封冻后，则不便操作。在留种田内边起参，边选种边移栽。选择芽头完整、参体肥大、整齐无伤、无病虫危害的块根作为种参。太子参种参即挖即栽，不宜久藏。太子参的栽种要特别注意栽种深度，太子参有"茎节生根"的特性，栽种过浅时，根多集中在表土层内，形成的块根小，侧根多而且密集，对生长不利，商品性差；而栽种过深则块根大，但发根少，产量低。

太子参耐寒，生命力强，具有低温萌芽、发根的特性。一般太子参的根头丛生着 1~3 个顶芽，2 月中下旬，种参萌芽生长，长出须状细根，随着气温和地温的逐渐下降，发芽生长能力有显著提升，细根数量增多，根系吸收面积增加，为越冬后早春出苗生长奠定了基础，保证了植株生长。太子参种参是贮藏养分，供给子代生长和繁衍更新的重要器官。当种参发根后，通过自身根系发育，增强了对土壤中矿质营养和水分的吸收，从而孕育着发芽生长及其子参的伸展，而同时自身逐渐解体消失。

（二）种子繁殖

在生产实践中，可利用太子参自然散落在地里的种子和采收时散落的块根进行育苗。太子参蒴果成熟后极易开裂撒出种子，不易人工采种，通常利用果实成熟后种子自行脱落入土繁殖，就地培育幼苗。在太子参采挖后，随即施肥、整地培厢，加以管理，厢上种一茬萝卜、青菜等蔬菜作物，防止杂草生长。必须保障撒播的蔬菜作物在12月上旬采收结束。在翌年3~4月种子发芽出苗，留土的参根也要出苗，应及时间苗除草，待苗长出4~6枚叶片时，选阴天或傍晚定植，共4~5次，加强田间管理，并搭设临时遮阴棚，也可在3~4月套种玉米，或在5月上旬套种黄豆保苗，待黄豆收获后，秋季挖取种苗栽植。

若要收集太子参种子，则在5~6月当果实将要成熟前，连果柄一起剪下，置室内通风干燥处晾干，脱粒、净选后，立即进行沙藏，沙藏按照种子与沙子1：2~3混拌均匀，沙的湿度以手握成团，松手即散为度。用塑料袋装好、敞口置于5℃冰箱内贮藏，至秋季或翌年春季播种，以确保种子能发芽。播种时按行距15~20cm、深1cm在苗床上开横沟，将催芽籽粒播入沟内，覆土1cm左右，浇水，盖草保湿，15天左右出苗。

太子参种子需特定的温度才能萌发。研究表明：在−5~5℃的低温下贮藏 150 天，萌发率 65%。种子萌发出土，长成幼苗，其根头上芽基部与地下茎的茎节处均可发生不定根，形成小块根；胚根在生长发育过程中，除了吸收土壤养分、水分稍有膨大外，自身随着植株当年生长周期结束而逐渐腐烂、解体，直至消亡。

种子播种一般在冬季和早春进行，在整理好的苗床上按行距 15~20cm 横向开沟条播种，沟深 1cm，将种子和草木灰拌匀后，用手均匀地撒于沟内，每亩用种量 2.5~4.0kg，播种结束后，覆盖过筛细肥土 0.5~1.0cm。播种后在厢面上覆盖稻草 2~3cm，浇透水。种子播种的块根适宜作商品种苗，具有高产抗病的特点。

（三）组培快繁

太子参组培快繁包括初代培养、继代培养、壮苗生根培养及炼苗移栽四个环节，获得组培种苗。

初代培养：太子参组培快繁的外植体采用茎尖和茎段均可；初代培养的最适宜培养基为 MS+ZT2.0mg/l+NAA0.01~0.08mg/l+3.0% 蔗糖 +1.2% 琼脂；培养 30 天左右，有丛芽的分化；芽诱导率可达 90% 以上。

继代培养：初代培养得到不定芽后需要进一步继代增殖才能得到大量的小苗。在初代培养得到的激素和配比的基础上进行增殖培养基的调整。将初代培养得到的不定芽切割成单苗接种于继代增殖培养基中，增殖培养最适培养基为 MS+ZT3.0mg/l+NAA0.01mg/l+3.0% 蔗糖 +1.2% 琼脂；转接于增殖培养基的不定芽，经 30 天左右培养均形成丛生芽；最高增殖倍数为 10.5。

壮苗生根培养：将增殖后较纤细的苗分别转接于壮苗培养生根

基中培养，壮苗生根培养基为MS+6-BA3.0mg/l+NAA0.2mg/l+3.0%蔗糖+1.2%琼脂，使其苗壮生长及生根，为炼苗做好准备；壮苗培养的同时产生根系和块根，省略了根诱导环节，极大地缩短了培养时间；当石英砂与泥土体积配比为1∶2时，移栽存活率最高，达到90%。

将经过壮苗培养后的苗连同培养瓶放于室外7天后，把瓶盖逐渐打开，1个月后完全去掉瓶盖，使幼苗逐渐适应外界环境，为移栽工作做好准备。选择生长健壮、根系发达、带有3~6叶的试管苗，用镊子小心将苗取出，洗去根部培养基，用500倍多菌灵消毒后，栽入石英砂和泥土体积配比1∶2，泥土应选肥沃疏松型土壤。移栽适宜温度为20℃~28℃，注意保湿。移栽7天后，每周喷施营养液1~2次，40天左右即可移至大田定植，移栽成活率达90%以上。

太子参试管苗在壮苗培养的同时分化出根系及块状种根，可免去根的诱导环节，从而简化了繁琐操作和培养时间，极大地缩短了培养周期。

五、种植技术

（一）对外界环境条件的需求

太子参喜温和、湿润、凉爽的气候，忌高温和强光暴晒，适宜气温为15℃，地温在10℃时缓慢发芽、发根，在10℃~20℃的气温下生长旺盛，当气温达30℃以上时，植株停滞生长。6月下旬植株开始枯萎，进入休眠越夏。太子参耐寒性强，在17℃的气温下可安全越冬。太子参适宜种植在海拔800m以上的山坡、山谷、丘陵地及林下。太子参喜温暖、湿润、适量光照的环境，在土层深厚、肥沃疏松、排水良好的砂质壤土上生长良好。

（二）选地整地

选地：选择土壤理化性质好、疏松、透气、透水及保肥保水性能好、有良好团粒结构的壤土，土质肥沃、富含腐殖质沙质壤土地块。土壤弱酸性，pH 值 5~6，耕作层厚 30cm 左右，地块略倾斜。选择交通运输便利，有配套水、电设施，排水条件好，远离污染源的地块，种植地周围 10km 以内无"三废"污染源。坡地以朝北、向东为宜。低洼积水地、盐碱地、沙土地、重黏土均不宜选用。太子参不可连续耕作，以新开荒地为最好，种植 2—3 年应轮作 1次，前茬忌茄科植物，以甘薯、蔬菜、豆类、禾本科作物为好。

土壤水分以土壤最大持水量的 60%~70% 为宜，低于 40% 需喷水抗旱，高于 80% 要排涝。不宜选择低洼积水、盐碱地、过分黏重或过分贫瘠的土壤地块种植。土壤水分不足可导致太子参产量减少或生长不良，易遭病害；但水分太大，畦面积水对生长也不利。

整地：一般在早秋作物收获后，将土地翻耕，播种前结合基肥施用再翻耕 1 次。施足基肥，一般每亩用腐熟的厩肥、人畜粪等混合肥 3000kg 和过磷酸钙 30kg，深翻、旋耕 2~3 次，深度 20cm，捣细撒匀后再行耕耙、整细土壤，除净草根、石块等杂物，用 50%多菌灵可湿性粉剂 800 倍液或 50% 辛硫磷乳油 800 倍液喷洒土表消毒。整理宽 1.3m、高 25cm 的畦，南北向为宜，畦长依地形而定，畦沟宽 30cm，畦面保持弓背形，整平畦面后待播。

（三）栽培模式

太子参栽培模式有单作，也可与玉米、树木、果园套作。

单作：在同一块田地上种植一种作物的种植方式，在背阴地和山坡地应用较多。栽植时开厢起垄种植，厢间不种植其他作物。

套作：玉米与太子参套作模式在向阳、土壤较肥沃湿润的地块使用较多。以 1.0~1.2m 开厢，厢距 30cm，每厢两边各种植一行玉米，双株紧靠留苗。玉米株距（窝距）90cm，宽行 1.4m，窄行 40cm。玉米品种应选择紧凑型或半平展型的杂交良种，如黔糯系列、安单系列、盛农系列等。

树木、果园套作：可利用树木、果园幼林的自然环境套种太子参。杉木林、果园建成 3 年以上，已形成较隐蔽的环境，透光率一般都在 30% 以下，为喜阴的太子参生长提供了天然的生存条件，因此可在林下套种太子参。一般根据果树、林木行间的宽度做厢栽培。

（四）移栽定植

太子参栽种方法有平栽法、斜栽法和撒播法三种。

平栽法：在畦面上开直行条沟，沟深 7~10cm，向沟内撒入腐熟基肥并稍加细土覆盖，将种参平卧摆入条沟中，种参与种参头尾相接，株距 5~7cm。接着按照行距 13~15cm 再开一条沟，将开沟的泥土覆盖前一沟，覆土厚度为 3cm，再行摆种。以此类推，栽后将表土压实，最后将畦面整理成弓背形。每亩用种量 30~40kg。

斜栽法：在畦面上开直行条沟，沟深 13cm，将种参斜排于沟的外侧边，芽头朝上离畦面 7cm，株距 5~7cm，种参芽头朝上，要求芽头位置一律平齐，习称"上齐下不齐"。然后按行距 13~15cm 开第二沟，将后一沟的土覆盖前一沟，再行摆种，以此类推，栽后将表土压实，将畦面整成弓背形。每亩用种量 30~40kg。

撒播法：整地时，在拟定的厢面用镐刀或铲子往厢两边铲土，暂时整成 10~12cm 的低厢，将有机肥、三元复合肥、磷肥、钾肥等混合撒入厢中，土壤肥力低的地块再撒一层腐熟农家肥（或有机肥），盖一层 3cm 左右的土壤，然后撒太子参种苗，苗距 4~6cm。从厢面两边回土盖种，厢面高 10~12cm。栽完一厢，依次开下一厢，厢距 40~50cm。

（五）田间管理

太子参田间管理主要包括防干旱、施肥、培土和水分管理。

防干旱：太子参喜湿润，怕干旱。春旱严重时，要及时进行喷灌和沟灌，以保证及时出苗和出苗整齐。还可用秸秆覆盖厢面，预防干旱。

中耕除草：播种后的大田要保持厢面平整，防止人畜践踏。太子参幼苗出土时生长缓慢，越冬杂草繁生，可用小锄浅锄 1 次，其余时间均宜手拔，见草就除。封行后可拔出大草，一般进行 5~6 次除草即可。拔出的杂草需集中堆放，晒干、焚烧做草木灰，或经充分腐熟做农家肥。5 月上旬后，植株早已封行，除了拔除大草外，可不再除草，以免影响植株生长。

施肥：太子参生长期短，枝叶柔嫩，不耐浓肥，需施足基肥以满足植株生长发育的需要。基肥一般在翻耕土地时施入，或直接施于条栽的沟内，但应注意肥料与种参不能直接接触，否则易使种参霉烂。可使用太子参专用复混肥，每亩施用量100~150kg。在土地肥沃、基肥充足，植株生长良好时可不必追肥。对缺肥的种植地，早期植株茎叶生长瘦弱，应追肥1~2次，可浇施兑水的稀薄人粪尿或10kg/亩硫酸铵，以促进植株生长；在4~6月中旬块根膨大期，可追施氮磷钾复合肥，按5~10kg/亩，以提高药材产量。

培土：早春出苗后或第一次追肥完毕，边整理畦沟，边将畦边倒塌的细土铲至畦面，以利发根和块根生长。培土厚度为1~1.5cm，注意不要损伤参苗茎叶。

水分管理：在有灌溉条件的环境下，种植后若遇干旱，可浇水1~2次。太子参根系浅，怕干旱，在干旱少雨季节，应注意灌溉，保持畦面湿润，促进发根和植株生长。夏天干旱，可于早晚灌溉，切勿在阳光暴晒时进行。太子参怕涝，雨后沟厢必须排水，以防参根腐烂，一旦积水便容易发生腐烂死亡，故必须保持畦沟畅通，同时检查畦面是否平整。

六、病虫草害防控技术

太子参病虫害综合防控以农业生物防治为主，化学防控为辅。

（一）太子参病害主要是病毒病、根腐病和叶斑病

病毒病：太子参病毒病也称花叶病，病原为烟草花叶病毒（TMV）的一个毒株，是太子参发生普遍、为害严重的病害，病害全株。染病叶常为花叶、斑驳花叶、黄绿相间、皱缩、扭曲畸变并有向上卷曲趋向。植株发病时，全株矮小，块根小，根数明显减少，严重者整株死亡。防治方法：选择无病毒病的种根留种或抗病

优良品种，在生长期增施磷钾肥；防治刺吸式口器蚜虫、螨类等害虫，及时灭杀传毒虫媒；发病症状出现时，可选用磷酸二氢钾喷施，减轻危害；或选用 20% 毒克星可湿性粉剂 500 倍液；或 0.5% 抗毒剂 1 号水剂 250~300 倍液；或 20% 病毒宁水溶性粉剂 500 倍液等喷施。

根腐病：危害太子参根部。发病初期，先由须根变褐腐烂，逐渐向主根蔓延，主根发病严重时使全根腐烂，地上茎叶自下而上枯萎，最终全株枯死。一般在 4 月下旬开始发病，5 月上旬至 6 月中旬发病严重，在土壤湿度大、雨水过多等情况下发病严重。7~8 月是高温高湿天气，参根发病严重；田间积水，烂根死亡严重。防治方法：栽种前，块根用 25% 多菌灵 200 倍液浸种 10 分钟，晾干后下种；收获后彻底清理枯枝残体，集中烧毁；发病期可选用 50% 多菌灵，或 50% 甲基托布津 1000 倍液，或 75% 百菌清可湿性粉剂 500 倍液等药剂灌施；实行轮作。

叶斑病：叶斑病也叫斑点病，危害太子参叶片。感病叶片病斑呈褐色、圆形或不规则形状，直径为 0.3~2.0cm；后期病斑中央灰白色，其上产生颗粒状小黑点，小黑点排列呈轮纹状。病斑潮湿时形成褐色腐烂，干燥时呈水渍状穿孔，严重时叶片枯萎，植株死亡。一般 4~5 月发生。防治方法：收获后彻底清理枯枝残体，集中销毁；发病期可选用 1∶1∶100 波尔多液；或 80% 的代森锰锌 800 倍液；或 40% 福星 EC8000 倍液等药剂喷施。

斑枯病：危害太子参叶片。染病叶片一般多从叶缘开始发生，逐渐扩展到全叶。发病初期叶面出现褐色斑点，中间出现灰白色坏死层症状；成型病斑有明显的灰白色枯死层症状，重者叶片上形成许多病斑，多个病斑联合引起叶枯死。初期下部叶片受害，随后逐渐向上扩展蔓延，后期病斑中央呈灰白色，病斑上会产生颗粒状小黑点（分生孢子器）。植株成叶发病较重，幼嫩新叶发病较轻。太子参叶斑病病菌以分生孢子器在病残体上越冬，翌年以产生分生孢子进行初侵染，发病后产生分生孢子进行再侵染，植株地上部枯萎后，病菌又以分生孢子器在病残体上越冬。防治方法：种植前清理土地，深翻，加强管理以提高植株抗病力；发病初期可选用70%代森锰锌可湿性粉剂500倍液；或75%百菌清可湿性粉剂500倍液；或58%甲霜灵·锰锌可湿性粉剂500倍液；或64%杀毒矾可湿性粉剂500倍液等药剂喷施。

（二）太子参虫害主要是蛴螬、小地老虎和蝼蛄

蛴螬：蛴螬是金龟子的幼虫，主要活动在土壤内，危害太子参根部。夏季多雨、土壤湿度大、施用未腐熟厩肥较多的土壤发生严重。防治方法：施用腐熟有机肥，以防止招引成虫产卵；人工捕杀，在田间出现蛴螬危害时，挖出被害植株根际附近的幼虫；施用毒土，每亩用90%晶体敌百虫100~150g，或50%辛硫磷乳油100g，拌细土15~20kg做成毒土；用1500倍辛硫磷溶液浇植株根部。

小地老虎：一种多食性地下害虫，从地面咬断幼苗并拖入洞内继续咬食，或咬食未出土的幼芽，造成断苗缺株。一般4下旬至5月中旬发生，苗期太子参受害较重。防治方法：3~4月，及时清除田间杂草及枯枝落叶，消灭越冬幼虫和蛹；清晨日出前检查参地，若发现新被害苗附近土面有小孔，立即挖土捕杀幼虫；4~5月，小地老虎开始危害时，可用90%敌百虫1000倍液浇孔。

蝼蛄：以成虫和若虫在参田表土层开掘隧道，嚼食太子参块根，将块根吃成孔洞或缺刻。防治方法：毒饵防治，将5kg谷秕子煮成半熟，或将5kg麦麸、饼、棉籽饼等炒香后，用90%敌百虫150g兑水成30倍液，拌匀，制成毒饵，选择无风闷热的晚上，将毒饵撒在蝼蛄活动的隧道处；灯光诱杀，利用蝼蛄趋光性强的特性，设置黑光灯诱杀成虫。

七、留种技术

太子参留种有种参和种子两种方式，人工种植中以块根繁殖为主，但是长期的无性繁殖，导致太子参种源退化，病虫害严重，产量低。生产上，常用有性繁殖，采收太子参种子进行育苗。太子参种子繁殖时间长，但后代抗病能力强，产量高，可防止太子参退化。

（一）种参留种技术

在太子参留种地边采收边选种参，将芽头完整、参体肥大、健壮、整齐无损伤、无病虫害的块根作为种参，整齐摆放，以利栽种。将选好的种参置于背阴或凉爽处沙藏，即先在地上铺5~10cm厚湿沙，放一层种参后，再盖5~10cm湿沙，在湿沙上再排放一层参根，连续排放4~5层参根和湿沙，天旱时需每隔4~5天洒水1次；下雨时上面要盖席；每隔20~30天翻动1次。一般在10月上旬至12月中上旬之前均可栽种，但以10月下旬前为宜。太子参留种栽培有平栽法和斜栽法两种，每亩用种量为30~40kg，生产过程与商品生产一致。

（二）种子留种技术

在晴天，选择太子参长势旺盛，叶片肥大深绿色、无病无斑、茎枝粗壮、生长整齐、健壮无病虫害的单株或田块留种，采种选择蒴果饱满、蒴果颜色转为黄绿色的植株进行采种。太子参种子成熟期不一致，一般在5~6月，分批随熟随采或在成熟前采收，选用锋利的剪刀剪下后装在采种袋中，按不同的采集批次进行阴干，然后脱粒待用。太子参种子可采用冰箱低温储藏、地坑沙藏或现采现播。太子参种子放湿砂中保存，种砂比1∶2~3，否则会显著降低出芽率。一般11~12月播种繁殖，管理较大田生产精细。

八、加工技术

（一）采收

太子参在6月末至7月初叶片枯黄倒苗，进入休眠时太子参块根呈黄色即可采挖，通常在7月下旬至8月上旬；除留种地外，均需及时采挖。晴天用四齿钉耙沿着厢面采挖，挖出的太子参块根，不碰伤芽头，保持形体完整，除去泥土和地上部分，装入筐内运回。

（二）初加工

太子参产地初加工有两种方法，一种是生品直接晒干；另一种是汤制晒干。

生品晒干：将刚采收的鲜太子参用水洗净，薄摊于晒场或晒席上，在太阳光下暴晒至干透，此法加工的太子参称生晒参。目前更多采用的做法是，将鲜参洗净，晒至六七成干时堆放起来，稍回汗再晒干，晒干过程中不断揉搓，以搓去参根上的不定根，使参根光滑无毛；晒至参根含水量为 10%~13% 时用风扇或风簸进行风选，将须根、尘土等吹净。如采挖后遇到阴雨天，将参洗净，除去须根，直接在 40℃~50℃烘房里烘干。除去杂质后每 40~50kg 装一袋出售。

汤制晒参：将刚采收的鲜太子参放在通风阴凉处摊晾 1~2 天，使根部稍失水发软；用清水洗净、沥干水分后，放入 100℃沸水锅中，不断翻动，浸烫 1~3 分钟，烫后即刻滤出水面，立即摊放在晒场或晒席上暴晒，晒至干脆为止。干燥后的参根装入箩筐，轻轻振摇，撞去参须即成商品。此法加工的参称汤参。

（三）贮藏

太子参药材需存放于清洁、阴凉、干燥、通风、无异味的仓库中，并具有防潮、防虫设施；定期检查养护。

第三节　半夏

一、概述

半夏（*PinelLia ternata*（Thunb.) Breit.）是天南星科植物多年生草本植物，又名麻芋头、三步跳、野芋头。以干燥块茎入药，是我国常用大宗药材。具有燥湿化痰，降逆止呕，消痞散结之功效。用于治疗湿痰寒痰、咳喘痰多、痰饮眩悸、风痰眩晕、痰厥头痛、呕吐反胃、胸脘痞闷、梅核气等症；外治痈肿痰核。块茎含胆碱、L麻黄碱、β 谷甾醇等成分。半夏广为分布，国内除内蒙古、新疆、青海、西藏未见野生外，其余各省区均有分布。主产于四川、湖北、河南、贵州、安徽等省，其次是江苏、山东、江西、浙江、湖南、云南等省区。日本、朝鲜等国也有。半夏之名在我国历代本草书籍中均有记载，始见于《礼记·月令》。半夏入药首见于最早的医方《五十二病方》中，处方用名为制半夏，距今已有两千多年的历史。

半夏的人工栽培历史较短，始于 20 世纪 70 年代的山东和江苏等地。通过四十多年的不断摸索，从半夏生物学特性、生态适宜条件、遗传多样性、繁殖方式、栽培技术及有效成分等方面开展了较为广泛的研究，并已积累了丰富的生产经验。但在新品种培育和病虫害防治方面的研究工作还有待加强。

目前，贵州省半夏种植面积 3~4 万亩，主要分布在赫章、威宁、七星关、盘州等地。"大方圆珠半夏"和"赫章半夏"分别于 2012 年和 2013 年通过国家质检总局地理标志保护产品认证。

二、植物学特征

半夏是多年生草本植物，株高 15~40cm。地下块茎球形或扁球形，直径 0.5~4.0cm，底部与下半部呈淡黄色、光滑，基部则生多数须根，有的大块茎周边连生数个小块状侧芽。块茎顶部基生叶有 1~4 枚，叶柄长 5~25cm，叶柄下部有一白色（地表以下）或棕色珠芽（地表以上），直径 3~8mm，偶见叶片基部亦具一白色或棕色小珠芽，直径 2~4mm。实生苗和珠芽繁殖的幼苗叶片为全缘单叶，呈卵状心形，长 2~4cm，宽 1.5~3cm；成年植株叶 3 全裂，裂片卵状椭圆形、披针形至条形，中裂片长 3~15cm，宽 1~4cm，基部楔形，先端稍尖，全缘或稍具浅波状，圆齿，两面光滑无毛，羽状网脉。肉穗花序顶生，花序梗常较叶柄长；佛焰苞绿色，边缘多呈紫绿色，长 6~7cm；内侧上部常有紫色斑条纹，佛焰苞合围处有一直径为 1mm 的小孔连通上下，花序末端尾状，伸出佛焰苞，呈绿色或绿紫色，佛焰苞下部管状不张开，上部微张开，直立，或呈"S"形弯曲。花单性，雌雄同株；花序轴下部着生雌花，无花被，有雌蕊 20~70 个，花柱短，雄花位于花序轴上部，白色，无被，雄蕊密集成圆筒形，与雌花间隔 3~7mm，花粉粒球形，无孔沟，电镜下可见花粉粒表面具刺状纹饰，刺基部宽，末端锐尖。浆果卵圆形，顶端尖，绿色或绿白色，成熟时红色，长 4~5mm，直径 2~3mm，内有种子 1 枚。种子椭圆形，两端尖，灰绿色，长 2~3mm，直径 2.2mm，不光滑，无光泽，解剖镜下观察有纵向浅沟纹。鲜种子千粒重 10 g 左右。花期在 4~7 月，果期在 8~9 月。

三、生物学特性

（一）对环境条件的要求

半夏喜温和湿润气候，怕高温、干旱和强光照射。自然状态下，一般野生地分布于河边、沟边、灌木丛中和山坡下。

1. 温度：半夏喜温暖环境，怕炎热，也怕寒冷，适生温度为 20℃~25℃，当温度低于 10℃或高于 30℃都会引起半夏倒苗。但地下块茎耐寒能力较强，即使温度在 0℃以下，其在地里也能越冬,且不影响其第二年的萌发和出苗。半夏在早春温度14℃以上开始发芽生长,3~4月上旬出苗,超过25℃生长缓慢,当气温达到30℃时,开始倒苗。

2.水分:半夏喜湿润、通风良好的环境,地上部分抗旱能力差,缺水或空气过于干燥均可造成半夏地上部枯萎。半夏既喜水又怕水,当土壤湿度超出一定的限度,则生长不良,造成烂根、烂茎、倒苗死亡,块茎产量下降。

3.光照:半夏是耐阴植物,在适度遮光条件下,能生长繁茂,在半阴环境条件下生长最为适宜。若光照强度过高,半夏难以生存。若光照过少,半夏植株则枯黄瘦小,数量也少,甚至难以生存。半夏以在半阴环境下生长为宜,适宜生长在稀疏灌木丛、落叶阔叶林下、竹林或橘林下。

4.土壤:半夏为浅根性植物,对土壤要求不严。以中性或稍微偏酸性土壤为宜,在肥沃、疏松、湿润、土层深厚,田间相对含水量为40%~60%的沙质壤土或偏酸性的壤土中生长良好;除盐碱土、砾土、过沙、过黏,以及过于积水的土壤不宜生长外,其他土壤基本均可生长。

（二）生长发育习性

实生苗和珠芽繁殖的幼苗叶片为卵状心形,长2~4cm,宽1.5~3cm;成年植株叶3全裂,裂片卵状椭圆形、披针形至条形,中裂片长3~15cm,宽1~4cm,基部楔形,先端稍尖,全缘或稍具浅波状,圆齿,两面光滑无毛,羽状网脉。肉穗花序顶生,花序梗常较叶柄长;

半夏叶片全缘，一年生半夏为心形单叶，二年生以上的半夏为 2 或 3 裂叶。半夏一年内可多次出苗，贵州每年可出苗两次。第一次为 3 月下旬至 4 月，第二次在 7 月中、下旬至 8 月上、中旬。相应地每年倒苗两次，分别为 6 月中下旬至 7 月上中旬，8 月下旬至 9 月上中旬。出苗至倒苗的日数，春季为 60~70 天，夏秋季为 30~40 天。倒苗对于半夏来说，一方面是对不良环境的一种适应，更重要的是增加了珠芽数量，即进行了一次以珠芽为繁殖材料的无性繁殖。第一代珠芽形成初期在 4 月中旬，形成高峰期为 4 月下旬，成熟期为 5 月上、中旬。

半夏块茎一般于 8℃ ~10℃萌动生长，13℃开始出苗。随着温度升高出苗加快，并出现珠芽。15℃ ~26℃最适宜生长，28℃以上生长缓慢，超过 30℃而又缺水时开始出现倒苗，秋后低于 13℃出现枯叶。冬播或早春种植的块茎，当 1~5cm 的表土地温达 10℃ ~13℃时，叶开始生长，此时如遇地表气温持续数天低于 2℃以下，叶柄即在土中开始横生，横生一段并可长出一代珠芽。地温、气温差持续时间越长，叶柄在土中横生越长，地下珠芽长得越大。当气温升至 10℃ ~13℃时，叶直立长出土外。不同半夏居群对高温胁迫的响应差异明显。半夏的块茎、珠芽、种子均无生理休眠特性。种子发芽适温为 22℃ ~24℃，寿命为 1 年。

四、繁殖技术

（一）块茎繁殖。两年或三年生的实生半夏萌出的小块茎，可做繁殖材料。在半夏收获时选取直径 0.7~1cm 的小块茎做种，并稍带些湿润的沙土，储藏于阴凉处，以待播种。

（二）珠芽繁殖。母块茎抽出叶后，每一叶柄下部或叶片基部可长出 1 个珠芽，直径 0.3~1cm，两端尖、中间大。成熟的珠芽可做繁殖材料。

（三）种子繁殖。夏秋季节半夏种子成熟时，及时采收，播种或将种子储存于湿润的细沙土中备用。

五、种植技术

（一）选择品种类型

常见的半夏有狭叶型、桃叶型、柳叶型等，种植时应选择长势旺盛、叶数多、叶片大而厚、抗性强、珠芽多、块茎多且个体大、产量高的品种。贵州是半夏主产区之一，全省皆有分布。贵州主要种植的是桃叶型、柳叶型。

（二）选地整地

半夏根系较浅、喜水，宜选湿润肥沃、保水保肥力较强、质地疏松、排灌良好的砂质壤土或壤土地种植，亦可选择半阴半阳的缓坡山地。黏重地、盐碱地、涝洼地不宜种植。整地前，每亩施腐熟的圈肥 2500~4000kg、过磷酸钙 15~25kg 做基肥，深翻 20cm，耙细整平，做 1.2m 宽的高畦或平畦。前茬可选豆科作物，也可和玉米、油菜、果、林等进行套种，在半阴半阳的缓坡山地也可种植。

（三）栽种

1. 块茎作种。春季日平均气温在 10℃ 左右即可下种。在整好的畦内进行撒播或双行条播。其行距 20cm，株距 3cm，沟深

4~5cm，每畦开四沟将种茎交叉放入沟内，每沟放两行，顶芽向上，覆土 8~10cm 厚，整平，稍加镇压，每亩用种 110~125kg。

2.珠芽作种。5~6 月选叶柄下成熟的珠芽，在整好的畦内按行距 15cm、株距 3cm，栽到 3cm 深的沟内，栽后覆土。当年可长出 1~2 片叶子，块茎直径 1cm 左右。次年秋天可加工入药，小的可继续做种用。也可在原地盖土繁殖，即每倒苗 1 批，盖土 1 次，以不露珠芽为度。同时施入适量的复混肥，有利增产。

3.种子作种。夏秋季节半夏种子成熟时，随收随种。也可将种子储存于湿润的细沙土中，到次年春季，按行距 15cm，开 2cm 深的沟，将种子撒入沟内，整平保湿，当温度上升到 14℃时即可出苗。利用种子繁殖的方法，在种子播种后三年才能收获，生产中较少采用，但在繁殖材料缺乏及引种时可采用此法。6 月中旬播种新鲜的半夏种子，10~25 天出苗，出苗率 80% 左右，种子发芽适温 22℃ ~24℃。

4.套种。套种遮阳，半夏在生长期间可和玉米、小麦、油菜、果、林等进行套种。一是可提高土地的使用效率，增加收入；二是其他作物也可为半夏遮阳，避免阳光直射，延迟半夏倒苗，增加半夏产量。

（四）田间管理

1.中耕除草。半夏植株矮小，容易滋生杂草，应勤锄草或多次锄草，一般采用人工拔除或用特制小锄锄草，深度不超过 3cm，以免伤根。

2.培土。6 月以后，半夏叶柄上的珠芽开始成熟落地，种子逐渐成熟，随着佛焰苞的干枯而落地，所以6月初和7月要各培土1次。取厢沟细土，覆盖在厢面，覆土的厚度要能盖过珠芽和种子，稍加压实。

3. 水分管理。半夏喜湿润，怕干旱，如遇干旱，应及时浇水。夏至前后，气温升高，天气干旱时7~10天浇1次水；处暑后，气温渐低，减少浇水量，要保持土壤湿润和阴凉，可延长半夏生长期，推迟倒苗时间，增加产量。雨水过多时，土壤中氧分缺乏，应及时排水。

4. 套种遮阳。半夏可和玉米、小麦、油菜、果、林等进行套种。一是能使土地的使用效率提高，增加收入；二是其他作物也能为半夏遮阳，形成阳光散射的环境，延长半夏生长时间，增加半夏产量。

5. 摘花蕾。除收留种子外，为使半夏养分集中于地下块茎生长，应于5月抽花葶时，及时摘除花蕾。

6. 地膜覆盖。为了使半夏早出苗，延长其生长周期，提高地温，增加产量，早春可采取地膜覆盖等措施进行处理。种子播种时也可采用覆盖麦草及作物秸秆等方法来保持畦间水分，以利于出苗。地膜覆盖在苗高2~3cm、出苗70%以上时可揭去地膜或除去覆盖物，以防止因膜内温度过高而烤伤小苗。采用地膜覆盖的方法可使半夏提早15天左右出苗，并能促进其根系生长，防止土壤板结，提高产量。

六、病虫害防控技术

半夏病害主要有叶斑病、病毒病、块茎腐烂病，虫害主要有蚜虫、天蛾等。病虫害综合防控应本着"预防为主，综合防治"的原则，以农业生物防治为主，必要时辅以化学防治。

（一）半夏叶斑病的防治：叶斑病在初夏发生，多发于高温多雨季节，病症主要表现为叶片上有褐色斑点。防治叶斑病在发病初期可喷1：1：120波尔多液或65%代森锌可湿性粉剂500倍液或50%多菌灵可湿性粉剂1000倍液，每7天喷1次，共喷3次；也可用1千克大蒜捣烂后加25千克水喷洒。

（二）半夏病毒病的防治：半夏病毒病多在初夏、高温多雨季节发生，主要表现为叶片变形、皱缩、卷曲，直至死亡，地下块茎畸形瘦小。防治半夏病毒病，首先要选无病植株留种，并进行轮作；其次施足有机肥料，增施磷钾肥，增加抗病力；还要防治蚜虫等传毒昆虫；当发现病株时要及时拔除，集中烧毁，病窝用5%石灰乳浇灌，防止传染，也可用组织培养方法培育无毒种苗。

（三）半夏块茎腐烂的防治：半夏块茎腐烂多是由半夏根腐病引起的，是半夏最常见的病害，多发生在高温多湿季节和越夏种茎储藏期间。危害地下块茎，造成腐烂，随后地上部分枯黄倒苗死亡。防治根腐病要选用无病种栽，雨季及大雨后及时疏沟排水。其次，播种前放5%的草木灰溶液浸种2小时；或用1份50%多菌灵加1份40%的乙磷铝300倍液浸种30分钟。另外，在发病初期，拔除病株后，在病窝处用5%石灰乳液灌窝，防止传染。还要及时防治地下害虫，减轻传染危害。

（四）半夏田蚜虫的防治：蚜虫在半夏幼嫩的基叶处或花蕾处吸取汁液，使半夏生长不良、萎缩，并能传播病毒，引起病害。可用 40% 乐果 2000 倍液在发生期喷洒 3 次，或抗蚜威 50% 可湿性粉剂 10~20g／亩喷雾。越冬期要清除周边杂草或焚烧枯枝杂草。

（五）半夏田中的红天蛾和芋双线天蛾的防治：红天蛾和芋双线天蛾是半夏生长期间危害极大的食叶性害虫，为害率可达 80% 以上。防治方法：① 结合中耕除草捕杀幼虫。② 利用黑光灯诱杀成虫。③ 5 月中旬至 11 月中旬幼虫发生时，用 50% 的辛硫磷乳油 1 000~1 500 倍液喷雾或 90% 晶体敌百虫 800~1 000 倍液喷洒，每 5~7 天一次，连续 2~3 次，可杀死 80%~100% 的幼虫。

（六）半夏田地除草剂的选择：春播半夏的除草剂宜选择稳杀特，秋播半夏选用稳杀特和乙草胺均可。除草剂稳杀特和乙草胺均可在播种覆土后喷药，稳杀特还可在杂草出苗初期施药。

病虫害是限制农业发展的重要因素之一。间套轮作栽培技术在防治病虫害方面的作用也是很大的。因此在半夏种植中，应该合理的选择配套作物、把握好轮作岔口问题，尽可能降低病虫害对半夏产量品质的影响。

七、留种技术

（一）种茎的采收和贮藏。于每年秋季半夏倒苗后，在收获半夏块茎的同时，选横径 0.5~1.5cm、生长健壮、无病虫害的当年生中、小块茎作种用。大块茎不宜作种，这是因为中、小种茎大多是由珠芽发育而来的新生组织，生命力强，出苗后生长势旺，其本身迅速膨大发育成大块茎，同时不断抽出新叶形成新的珠芽，故无论在个体数量上还是在个体重量上都有了很大的增加。而大种茎都是大块茎，它们均由小块茎发育而来，生理年龄较长，组织已趋于老化，生命力弱，抽叶率低，个体重量增长缓慢或停止，收获时种茎大多皱缩腐烂。

半夏种茎选好后，在室内摊晾 2~3 天，随后将其拌以干湿适中的细砂土，贮藏于通风阴凉处，于当年冬季或次年春季取出栽种。

此外，半夏每个茎叶上长有一珠芽，数量充足，且遇土即可生根发芽，成熟期早，也是主要的繁殖材料。大的珠芽当年就可发育成种茎或商品块茎。

（二）种子采收和贮藏。半夏种子一般在 6 月中、下旬采收，当总苞片发黄，果皮发白绿色，种子浅茶色或茶绿色，易脱落时分批摘回，如不及时采收易脱落。采收的种子，宜随采随播，10~25 天出苗，出苗率较高。8 月以后采收的种子，要用湿沙混合贮藏，到第二年春播种。

八、加工技术

（一）采收

9 月下旬叶片发黄时即可采收，过早采收影响产量，过晚难以去皮晾晒，种子播种的于第三至第四年采收，块茎繁殖的于当年或第二年采收。选择晴天，浅翻细翻，将半夏翻出后，随即细拣，将半夏按大、中、小分开，直径 0.5cm 以上的当药用或留种，过小的可留于土中，继续培植，次年再收。

（二）加工

半夏块茎采收后，要趁鲜脱皮，一般先洗净，按大、中、小分级，装入竹筐或有孔编织袋，置于流水中用脚踩或手搓去皮，再用清水彻底冲洗干净，直至外皮去净，颗粒洁白为止。也可用半夏去皮机去除外皮。

（三）药材质量标准

加工好的药材以个大、皮净、色白、质坚、粉足为佳。化学鉴别中，在精氨酸、丙氨酸、缬氨酸和亮氨酸四种对照片相应的位置上，显相同颜色斑点。水溶性浸出物冷浸法不得少于7.5%，总灰分不得超过4.0%。

（四）包装

在包装前，进行复检，确保半夏充分干燥，再次剔除劣质品及异物。用洁净的麻袋或尼龙编织袋包装，每袋的重量根据相关标准或购货商要求而定。在包装袋外面，要注明品名、规格、产地、批号、包装日期、生产单位，质量合格标志等信息。

（五）贮藏

药材用块茎贮藏：半夏为有毒药材，又易吸潮变色。作为商品出售的，加工好后，如不马上出售，则应用麻袋或尼龙袋包装后置于室内干燥的地方贮藏，忌与乌头混放，同时应有专人保管，防止非工作人员接触，并定期检查。运输工具或容器应具有较好的通气性，以保持干燥，并应有防潮措施。

第四节　黄精

一、概述

黄精（*Polygonati Rhizoma*）为百合科植物滇黄精（*Polygonatum kingianum Coll.etHemsl*）黄精（*Polygonatum sibiricum Red*）或多花黄精（*Polygonatum cyrtonema Huad*）的干燥根茎，用于脾胃气虚、体倦乏力、胃阴不足、口干食少、肺虚燥咳、劳嗽咳血、精血不足、腰膝酸软、须发早白、内热消渴；现代药理研究表明，黄精还对糖尿病及其并发症有一定的预防和治疗作用；此外，其在抗衰老、调节免疫力、改善记忆力、抗肿瘤、抗菌等方面显示出潜在的药用价值。黄精是贵州道地和我国传统的大宗药材，可以药食两用。近几年来随着对黄精应用研究的不断深入，黄精用途大大拓宽，除药用之外，还可加工成黄精蜜饯、黄精饮料、黄精保健品、黄精护肤品、猪饲料添加剂等，还可作为蔬菜、观赏花卉等进行栽培。黄精的应用潜力和市场前景广阔，具有巨大的发展潜力，黄精产业的快速发展也将势在必行。

黄精为常用的大宗药材，现每年需求量呈逐渐上涨的趋势。目前，贵州省黄精的人工种植的产量较少，黄精野生产量逐年递减，产地库存薄弱，加之农户盲目引种和不科学的种植技术，导致其产量不高而且品种混杂。另外，黄精需要在产地进行初加工，加工条件和生产技术限制进一步影响了黄精的产品质量。

贵州是黄精药材的道地产地之一。资源调查发现贵州黄精属植物资源较为丰富，《贵州植物志》收载黄精属植物有 7 种。《中国药典》收载的 3 个植物来源均在贵州有分布。《贵州省中药材产业发展扶贫规划（2012—2015 年）》《贵州省新医药产业发展规划（2014—2017 年）》《省人民政府办公厅关于促进医药产业健康发展的实施意见》（黔府办发〔2016〕39 号）等文件均将黄精列入鼓励发展品种，在贵州适宜产区大力推广发展。《贵州省发展中药材产业助推脱贫攻坚三年行动方案(2017—2019 年)》将黄精作为 18 个重点培育品种之一来发展，在省委省政府农村产业革命工作部署中，黄精作为中药材产业 7 个重点发展的品种之一。

黄精是百合科植物，中国黄精属植物记载的有 42 种，在我国各地山区均有分布，但以西南、西北、华北和东北地区最多，贵州已经调查发现有 7 种以上，作为药品和食品仅有多花黄精、滇黄精和黄精 3 种，而市场上黄精品种混杂，种植生产中也没有黄精品种针对性种植加工技术，导致生产出的黄精品质参差不齐，限制了贵州中药材和黄精产业的发展。

二、植物学特征

滇黄精：又名节节高、仙人饭（云南）。根状茎近圆柱形或近连珠状，结节有时作不规则菱状，肥厚，直径 1~3cm。茎高 1~3m，顶端作攀援状。叶轮生，每轮有 3~10 枚，条形、条状披针形或披针形，长 6~20（~25）cm，宽 3~30mm，先端拳卷。花序具（1~）2~4（~6）花，总花梗下垂，长 1~2cm，花梗长

0.5~1.5cm，苞片膜质，微小，通常位于花梗下部；花被粉红色，长 18~25mm，裂片长 3~5mm；花丝长 3~5mm，丝状或两侧扁，花药长 4~6mm；子房长 4~6mm，花柱长（8~）10~14mm。浆果红色，直径 1~1.5cm，具 7~12 颗种子。花期为 3~5 月，果期为 9~10 月。

黄精：又被称为鸡头黄精（中药志）、黄鸡菜（东北）、笔管菜（辽宁）、爪子参（陕西）、老虎姜（宁夏）、鸡爪参（甘肃）。根状茎圆柱状，由于结节膨大，因此"节间"一头粗、一头细，在粗的一头有短分枝（中药志称这种根状茎类型的为鸡头黄精），直径 1~2cm。茎高 50~90cm，甚至可达 1m 以上，有时呈攀援状。叶轮生，每轮有 4~6 枚，条状披针形，长 8~15cm，宽（4~）6~16mm，先端拳卷或弯曲成钩。花序通常具 2~4 朵花，似成伞形状，总花梗长 1~2cm，花梗长（2.5~）4~10mm，俯垂；苞片位于花梗基部，膜质，钻形或条状披针形，长 3~5mm，具 1 脉；花被乳白色至淡黄色，全长 9~12mm，花被筒中部稍缢缩，裂片长约 4mm；花丝长 0.5~1mm，花药长 2~3mm；子房长约 3mm，花柱长 5~7mm。浆果直径 7~10mm，黑色，具 4~7 颗种子。花期为 5~6 月，果期为 8~9 月。

多花黄精：又被称为长叶黄精（中药志），白及黄精、山捣臼（浙江），山姜（江西）。根状茎肥厚，通常连珠状或结节成块，少有近圆柱形，直径 1~2cm。茎高 50~100cm，通常具 10~15 枚叶。叶互生，椭圆形、卵状披针形至矩圆状披针形，少有稍作镰状弯曲，长 10~18cm，宽 2~7mm，先端尖至渐尖。花序具 (1~) 2~7（~14）花，伞形，总花梗长 1~4（~6）cm，花梗长 0.5~1.5

（~3）cm；苞片微小，位于花梗中部以下，或不存在；花被黄绿色，全长 18~25mm，裂片长约 3mm；花丝长 3~4mm，两侧扁或稍扁，具乳头状突起至具短绵毛，顶端稍膨大乃至具囊状突起，花药长 3.5~4mm；子房长 3~6mm，花柱长 12~15mm。浆果黑色，直径约 1cm，具 3~9 颗种子。花期为 5~6 月，果期为 8~10 月。

三、生物学特性

滇黄精：产于云南、四川、贵州。生于林下、灌丛或阴湿草坡，有时长在岩石上，海拔 700~3600m。越南、缅甸也有分布。

黄精：产于黑龙江、吉林、辽宁、河北、山西、陕西、内蒙古、宁夏、甘肃（东部）、河南、山东、安徽（东部）、浙江（西北部）。生于林下、灌丛或山坡阴处，海拔 800~2800m。朝鲜、蒙古和苏联西伯利亚东部地区也有。

多花黄精：产于四川、贵州、湖南、湖北、河南（南部和西部）、江西、安徽、江苏（南部）、浙江、福建、广东（中部和北部）、广西（北部）。生于林下、灌丛或山坡阴处，海拔 500~2100m。

四、繁殖技术

《中国药典》2020 版收录的三种黄精基源植物黄精、多花黄精、滇黄精都是多年生草本植物，既可以用根茎无性繁殖，也可以用种子有性繁殖。根茎繁殖的种苗黄精生长快，产量高，目前种植生产中也主要是用根茎繁殖的种苗；但根茎繁殖用种量多，种苗成本高，且长期的无性繁殖易造成药材质量退化。种子繁殖的种苗生长周期需要 3—5 年，且种子苗生长成为商品药材生长慢，种植管理成本高。黄精的无性繁殖和有性繁殖技术都已成熟，根据不同的种植生产需要，可选择不同的繁殖技术。

《中国药典》（2020 版）收录的三种黄精基源植物黄精、多花黄精、滇黄精的种子都是浆果，需要搓洗掉果皮和果肉才可得到净种子；黄精和多花黄精种子需要经过第一个冬季低温后发芽，经过第二个冬季低温后才能出苗，滇黄精种子经过一个冬季低温后即可出苗；三种黄精种子除种子出苗时间差异大和生长区域不同外，其他种子繁殖技术基本相同，三种黄精的根茎形态差异大，滇黄精根茎粗大，育种茎苗用种量大，本文以多花黄精种子为例介绍繁殖技术。

（一）建设种子生产田

1. 选地

选择海拔 300~1200 米，年均温在 10℃ ~25℃，1 月均温 3℃，7 月均温 25℃，极端最高温 40℃，极端最低温 –5℃，年降雨量 600~1900mm 的地区。选择土壤肥沃的砂质壤土或黏壤土地种植；林下郁闭度为 0.4~0.6 的毛竹林地、杉树林地、苹果林地、樱桃林地进行套种。

2. 整地

大田种植需翻土 25cm 以上，在翻地时每亩撒施腐熟农家肥 3000~4000kg，整平耙细，根据地块形状，做成宽 1.2m、高 25cm、沟宽 30cm 的厢面。林下套种选择土壤肥沃、土层深厚、表层水分充足的地块根据林木行距开厢。

（二）选择繁殖材料

1. 种茎

11~12 月采收用种茎种植 4 年生多花黄精地下根茎，选择芽头饱满、无病虫害、须根鲜活的根茎切成两节带芽头、芽茎粗 0.8cm 以上、重量 40g 以上的新鲜根茎段，用草木灰和 0.2% 多菌灵混合液涂切口（伤口不处理好容易腐烂）后种植；或 10~12 月采收用种茎种植 4 年生多花黄精地下根茎，选择芽头饱满、无病虫害、须根鲜活的根茎，用湿润细土或细沙集中排种于避风，湿润阴蔽地块越冬，在次年 2~3 月翻开沙层取根茎切成两节带芽头、重量 40~80g 的段，再用草木灰和 0.2% 多菌灵混合液涂切口后种植。

2. 种子

选择用种茎种植出苗生长2年及以上、生长健壮、无病虫害的多花黄精植株作为采种母株，在4月和7月对采种母株增施氮钾肥，以促进种子发育健壮，籽粒饱满，在10~11月采收黑色变软的成熟多花黄精果实，将搓洗干净的种子直接播种或用手捏不滴水的湿沙和种子体积比3∶1混匀，放在阴凉不积水的长条形沟内贮藏，于翌年2月中旬筛选种子再播种。

（三）播种

1. 种茎

若以种茎播种，可在 11 月至次年 2~3 月在整好的大田厢面和林下厢面按行距 30cm、株距 20~25cm 进行挖穴栽植；每穴定植 1 株，覆土压紧，浇透水，再覆盖碎土与厢面相平。

2.种子

种子播种可在 10~11 月，用搓洗得干净的种子直接播种或翌年 2 月中旬筛选湿沙贮藏处理的种子，在整理好的厢面开 1.5~2.0cm 的浅沟，沟距 15cm，播种时将种子均匀撒在浅沟中，种子间距 2~3cm，覆土压平，浇透水，盖一厚层松针或稻草或遮阴网等保湿。一般在种子出苗后生长第 3~4 年的 11~12 月或春季 2~3 月进行移栽，在整好的大田厢面和林下厢面按行距 25cm、株距 15~20cm 进行挖穴栽植；每穴定植 1 株，覆土压紧，浇透水，再覆盖碎土与厢面相平，栽后 5~7 天再浇水 1 次。

（四）繁殖材料田间管理

1. 遮阴

若以种茎栽植进行种苗生产，大田种植需搭建遮阳网遮阴，遮阴率随苗龄的增长从 65% 逐渐下降。

若以种子播种进行种苗生产，遵义地区及其附近的多花黄精种子经过一个冬季后在 7~8 月份出苗，除遵义及其附近以外的多花黄精种子需经两个冬季后在 3 月份出苗，出苗后小心揭去覆盖物；若是大田育苗的苗床上面搭建小拱棚，小拱棚高 80cm 左右，上面覆盖遮阳率 85% 的遮阳网，遮阳率随着苗龄增大逐渐减小，种苗移栽后若是大田育苗需搭建遮阳网遮阴，遮阴率随苗龄的增长从 75% 逐渐下降。

2. 补苗、间苗、定苗

若以种茎栽植进行种苗生产，根据种茎当年春季出苗情况，待第二年春季仍未出苗的种植穴需进行补种茎。

若以种子播种进行种苗生产，种子出苗后及时进行间苗、定苗，一般苗生长一个月时开始间苗、第二年出苗生长一个月时定苗，根据苗生长情况，去弱留强，定苗株距5cm；种子出苗生长第3—4年的11~12月份或春季2~3月份进行移栽，根据当年春季移栽的出苗情况，待移栽第二年春季仍未出苗的种植穴需进行补种苗。

3. 灌溉与排水

若种茎种植进行种苗生产，种植成活后一般不需要灌溉，若干旱严重，从厢面往下10cm均为干土，需要适当浇水，雨季来临时要注意防涝排水，避免积水。

若种子播种进行种苗生产，育苗床要经常浇水，一直保持湿润；种苗移栽成活后一般不需要浇水，若干旱严重，从厢面往下10cm均为干土，需要适当浇水，雨季来临时要注意防涝排水，避免积水。

4. 除草

若以种茎种植进行种苗生产，根据杂草生长情况，及时进行除草、锄草和松土，要注意宜浅不宜深，避免伤根。

若以种子播种进行种苗生产，根据杂草发生情况，及时勤拔草，保持苗床无杂草；种苗移栽后根据杂草发生情况，及时进行除草、锄草和松土的同时，注意宜浅不宜深，避免伤根。

5. 施肥

若以种茎种植进行种苗生产，每年在4月和7月需放射状沟施氮磷钾复合肥30~40g/穴，在4月可喷施浓度0.7g/l的硼酸溶液两次，每次间隔 5 天。

若以种子播种进行种苗生产，种苗出齐后先及时施精细农家肥2000kg/ 亩，苗出齐一个月后再施氮磷钾复合肥 30kg/ 亩；育苗移栽后每年在 4 月和 7 月需放射状沟施氮磷钾复合肥 20~30g/ 穴，在 4 月可喷施浓度 0.7g/l 的硼酸溶液两次，每次间隔 5 天。

6. 病虫害防治

若以种茎种植进行种苗生产，病虫害防治：①病害：主要防治叶斑病、黑斑病、炭疽病；叶斑病主要危害叶片，6月开始发病，8~9月为发病高峰期；发病初期喷施50%退菌特稀释1000倍液，或1：1：100波尔多液喷施，每7~10天喷施1次，连喷3~4次，或用65%代森锌可湿性粉剂稀释500~600倍液，每7~10天喷施1次，连续2~3次；同时，注意收获后清洁田园，集中烧毁枯枝病残体，消灭越冬病源。黑斑病主要危害叶片，5月开始出现，7~8月发病严重，发病初期喷施4%氟硅唑或20%硅唑·咪鲜胺800~1000倍液，或75%百菌清500倍液，或80%代森锌500倍液，7~10天喷施一次；同时，注意收获后清洁田园，集中烧毁枯枝病残体，消灭越冬病源。炭疽病主要危害叶片，4月下旬开始发病，8、9月发病严重，发病初期喷施25%炭特灵可湿性粉剂600~800倍液，或25%施保克乳油600~800倍液；同时，注意收获后清洁田园，集中烧毁枯枝病残体，消灭越冬病源。②虫害：主要是地老虎、蛴螬咬食黄精的幼嫩根茎，在连续干旱时出现；地老虎在虫害初期每亩用2.3%敌百虫粉6~9kg，加细土75kg拌匀后，沿黄精行开沟撒施防治；蛴螬在虫害初期每亩用2.3%敌百虫粉2~2.5kg，加细土75kg拌匀后，沿黄精行开沟撒施防治。

若以种子播种进行种苗生产，病虫害防治：①病害：主要防治叶斑病，主要危害叶片，6月开始发病，8~9月为发病高峰期；发病初期喷施50%退菌特稀释1000倍液，或1∶1∶100波尔多液喷施，每7~10天喷施1次，连喷3~4次，或用65%代森锌可湿性粉剂稀释500~600倍液，每7~10天喷施1次，连续2~3次；同时，注意收获后清洁田园，集中烧毁枯枝病残体，消灭越冬病源。②虫害：主要是地老虎，咬食多花黄精的幼嫩根茎，在连续干旱时出现；在虫害初期每亩用2.3%敌百虫粉6~9kg，加细土75kg拌匀后，沿黄精行开沟撒施防治。种苗移栽后的病虫害防治同种茎种植进行种子生产的病虫害防治相同。

（五）繁殖材料采收

种茎种苗采收，选择出苗生长四年及以上、每窝的茎秆在3株及以上，且无病虫害的多花黄精在11月到翌年2月（多花黄精茎秆上叶片完全枯死脱落）采收。采收时用三齿锄沿厢面一端挖起多花黄精块茎，依次将黄精块茎带土挖出，去掉地上残存部分，使用竹刀或木条将泥土刮掉，注意不能用水清洗和去掉须根。

种子种苗采收，种子出苗生长三年后在11月至次年2月份起苗，起苗后在种植田进行移栽。起苗时从厢面一端开始用三齿锄起挖，深度不能伤根茎，挖出种苗装入竹筐或背篓中，不能在太阳下晾晒。

（六）繁殖材料处理

种茎种苗处理，把采收的种茎切成两节带芽头的种苗（新生根茎苗）和无芽头的根茎；两节带芽头的种苗作为新生根茎苗，无芽头的根茎再在结节处切成块，全部伤口用草木灰和 0.2% 多菌灵混合液涂好，再经过一年集中育苗成为根茎培育苗（育苗方法如图种茎播种方法，一年起苗即可）。选择没有损伤、无病虫害、芽头饱满、须根鲜活的根茎种苗分级。

种子种苗处理，选择没有损伤、无病虫害、芽头饱满、须根鲜活的种苗进行分级。

（七）繁殖材料质量要求

种茎种苗的质量要求达到一、二级，见表 1、表 2。

表 1　多花黄精根茎培育种苗分级

分级	重量 /g	芽长 /cm	芽粗 /mm	须根数 / 根	须根长 / cm	须根粗 / mm
一级	≥ 20	≥ 1.0	≥ 5.0	≥ 5	≥ 5.0	≥ 1.0
二级	10~20	0.5~1.0	2.0~5.0	3~5	2.0~5.0	0.5~1.0
三级	< 10	< 0.5	< 2.0	< 3	< 2.0	< 0.5

表 2　多花黄精新生根茎种苗分级

分级	重量 /g	芽长 /cm	芽粗 /mm	须根数 / 根	须根长 / cm	须根粗 / mm
一级	≥ 35	≥ 2.5	≥ 7.5	≥ 25	≥ 10	≥ 1.2
二级	15~35	0.5~2.5	4.5~7.5	10~25	5~10	0.9~1.2
三级	< 15	< 0.5	< 4.5	< 10	< 5	< 0.9

种子种苗的质量要求达到一、二级，见表 3。

表3　多花黄精种子种苗质量要求

分级	芽长（mm）	根数（条）	最大块茎直接（mm）	重量（g）	外观形状
一级种苗	≥ 2.5	≥ 15	≥ 10	≥ 10	芽色白、健壮，根齐、发育好，无病斑、无损伤。
二级种苗	1.5~2.5	7~15	5~10	5.0~10	
三级种苗	≤ 1.5	≤ 7	≤ 5	≤ 5.0	

五、种植技术

《中国药典》收录的三种黄精基源植物黄精、多花黄精、滇黄精均是多年生草本植物，生于林下、灌丛或山坡阴处或山边缘的草丛处，三种黄精植物学特性差异虽较大，种植技术却略有差别，滇黄精需要搭架种植，其他种植技术差异不大；本文以多花黄精为例，讲述黄精种植技术。

（一）根茎种苗种植技术

1.选地

海拔500~2200米，年均温在15℃~20℃，1月均温5.2℃，7月均温24.1℃，极端最高温35℃，极端最低温 –5℃，年降雨量600~1900mm地区。选择土壤肥沃的砂质壤土土地种植；林下郁闭度为0.4~0.6的玉米地、毛竹林地、杉树林地、苹果林地、樱桃林地林下种植。

2.整地

大田种植需翻土25cm以上，在翻地时每亩撒施腐熟农家肥 3000~4000kg，整平耙细，根据地块形状，做成宽 1~1.2m、高 25cm、沟宽 30cm 的厢面。林下套种选择土壤肥沃、土层深厚、表层水分充足的地块根据林木行距开厢。

3. 种植

11~12 月在整好的厢面按行距 30cm、株距 20~25cm 进行挖穴栽植；每穴定植 1 株，覆土压紧，浇透水，再覆盖碎土与厢面相平。

4. 种植管理

遮阴：大田种植需搭建遮阳网遮阴，遮阴率随苗龄的增长从 65% 以每年 10% 的遮阴率逐渐下降。

补苗：根据当年春季出苗情况，待第二年春季仍未出苗的种植穴需进行补种茎。

灌溉与排水：种植成活后一般不需要灌溉，若干旱严重，从厢面往下 5cm 均为干土，需要适当浇水，雨季来临后，要注意防涝排水，避免积水。

施肥：每年在 4 月和 7 月需施环状施氮磷钾复合肥 30~40g/ 穴。

除花蕾：在 3~4 月多花黄精现蕾期，可除去花蕾。

（二）种子种苗种植技术

1. 选地

海拔 500~2200 米，年均温在 15℃ ~20℃，1 月均温 5.2℃，7 月均温 24.1℃，极端最高温 35℃，极端最低温 −5℃，年降雨量 600~1900mm 的地区。选择土壤肥沃的砂质壤土土地种植；林下郁闭度为 0.4~0.6 的玉米地、毛竹林地、杉树林地、苹果林地、樱桃林地林下种植。

2. 整地

大田种植需翻土 20cm 以上，在翻地时每亩撒施腐熟农家肥 3000~4000kg，整平耙细，根据地块形状，做成宽 1~1.2m、高 25cm、沟宽 30cm 的厢面。林下套种选择土壤肥沃、土层深厚、表层水分充足的地块根据林木行距开厢。

3. 起苗

一般在种子出苗生长第 3~4 年的 11~12 月起苗，起苗与移栽同时进行。起苗后立即在种植田进行移栽。起苗时从厢面一端开始，用三齿锄挖起，选择没有损伤、无病虫害、芽头饱满、须根鲜活的种苗进行移栽。

4. 移栽

移栽一般在 11~12 月进行，移栽时在整好的大田厢面和林下厢面按行距 25cm、株距 15~20 cm 进行挖穴栽植；每穴定植 1 株，覆土压紧，浇透水，再覆盖碎土与厢面相平，栽后 5~7 天浇水 1 次。

5. 种植管理

遮阴：大田种植需搭建遮阳网遮阴，遮阴率随苗龄的增长从 75% 以 每年 10% 的遮阴率逐渐下降。

补苗：根据当年春季出苗情况，待第二年春季仍未出苗的种植穴需进行补种苗。

灌溉与排水：移栽成活后一般不需要浇水，若干旱严重，从厢面往下 3cm 均为干土，需要适当浇水，雨季来临后，要注意防涝排水，避免积水。

施肥：每年在 4 月和 7 月需施环状沟施氮磷钾复合肥 20~

30g/穴。

除花蕾：在3~4月份多花黄精现蕾期，可除去花蕾。

六、病虫草害防控技术

（一）病害

主要防治叶斑病、黑斑病、炭疽病；叶斑病主要危害叶片，6月开始发病，8~9月为发病高峰期；发病初期喷施50%退菌特稀释1000倍液，或1∶1∶100波尔多液喷施，每7~10天喷施1次，连喷3~4次，或用65%代森锌可湿性粉剂稀释500~600倍液，每7~10天喷施1次，连续2~3次；同时，注意收获后清洁田园，集中烧毁枯枝病残体，消灭越冬病源。黑斑病主要危害叶片，5月开始出现，7~8月发病严重，发病初期喷施4%氟硅唑或20%硅唑·咪鲜胺800~1000倍液，或75%百菌清500倍液，或80%代森锌500倍液，7~10天喷施1次；同时，注意收获后清洁田园，集中烧毁枯枝病残体，消灭越冬病源。炭疽病主要危害叶片，4月下旬开始，8~9月发病严重，发病初期喷施25%炭特灵可湿性粉剂600~800倍液，或25%施保克乳油600~800倍液；同时，注意收获后清洁田园，集中烧毁枯枝病残体，消灭越冬病源。

（二）虫害

主要是地老虎、蛴螬咬食黄精的幼嫩块茎，在连续干旱时出现；地老虎在虫害初期每亩用2.3%敌百虫粉6~9kg，加细土75kg拌匀后，沿黄精行开沟撒施防治；蛴螬在虫害初期每亩用2.3%敌百虫粉2~2.5kg，加细土75kg拌匀后，沿黄精行开沟撒施防治；使用农药符合 GB 4285 农药安全使用标准。

（三）草害

根据杂草生长情况，及时进行除草、锄草和松土，要注意宜浅不宜深，避免伤根。

七、留种技术

根茎种苗留种技术，选择出苗生长 4 年及以上、每窝的茎秆在 3 株及以上，且无病虫害的多花黄精的种茎生产田，在 11 月至翌年 2 月（多花黄精茎秆上叶片完全枯死脱落）采收多花黄精，可参考种茎种苗的繁殖技术。

种子种苗留种技术，选择块茎种植出苗生长2年及以上，生长健壮、无病虫害的多花黄精植株作为采种母株，在10~11月采收黑色变软的成熟多花黄精果实。采收的黑色变软果实先堆放在阴凉干燥处发酵3~5天（注意不能有明显的发酵酒精味），再搓洗掉果皮和果肉，利用水选方式，除去杂质，得到干净种子；种子质量要求达到一、二级，见表4。干净的种子应用手捏不滴水的湿沙按体积比1∶3混匀，放在阴凉不积水的长条形沟内贮藏（贮藏处平均温度不高于5.5℃，不低于-5℃），于翌年2月中旬筛选出种子。

表 4　多花黄精种子质量要求

分级	千粒重 /g	含水量 /%	发芽率 /%	生活力 /%
一级种子	≥ 32.06	11.33~21.68	≥ 80	≥ 90
二级种子	28.05~32.06	9.66~11.33	50~80	70~90
三级种子	≤ 28.05	≤ 9.66，≥ 21.68	≤ 50	≤ 70

八、加工技术

（一）产地采收

种茎种植出苗生长 4 年可采收，种子育苗移栽 4—5 年可采收；在 10 月到翌年 3 月，大部分茎秆上没有绿色生长的叶片时采收。采收时用三齿锄沿厢面一端挖起多花黄精块茎，依次将黄精块茎带土挖出，去掉地上残存部分，使用竹刀或木条将泥土刮掉，注意在产地加工以前，不能用水清洗和去掉须根。

（二）产地初加工

操作人员不能是传染病人，体表有伤口或皮肤过敏者。加工时应佩戴口罩，将黄精须根剪掉，块根较大或较厚的分成两半，放入事先准备好的蒸锅内蒸 0.5~1 小时，取出阴干或 50℃烘干即可；加工好的药材符合最新版的《中国药典》（2020 版）。

（三）产地包装

黄精在包装前应仔细检查是否已充分干燥，含水量不能超过《中国药典》规定的 18%，并清除杂质和异物，将干燥的黄精装入洁净的麻袋或布袋中，内衬防潮纸（本品极易吸潮），每件可包装 50 kg，并在每件包装上注明品名、规格、等级、毛重、净重、产地、批号、执行标准、生产单位、包装日期及工号等，并有质量合格的标志。

（四）产地贮藏

采用塑料袋密封贮藏，同时可将密封塑料袋装好的药材放入密封木箱或铁桶内，防虫防鼠。应贮存于干燥通风处，温度 25℃

以下，相对湿度65%~75%。贮藏前，还应严格入库质量检查，防止受潮和霉变；贮藏时应保持环境干燥、整洁与加强仓储养护规范管理，定期检查、翻垛，发现吸潮或初霉品或虫蛀，应及时进行通风、晾晒等处理。

（五）产地运输

黄精的运输应遵循及时、准确、安全、经济的原则。将固定的运输工具清洗干净，将成件的商品黄精捆绑好，遮盖严密，及时运往贮藏地点，不得雨淋、日晒、长时间滞留在外，不得与其他有毒、有害物质混装，避免污染。

第五节　钩藤

一、概述

钩藤（*Uncaria rhynchophylla*（Miq.）Miq. ex Havil.）是茜草科钩藤属常绿多年生藤本植物。别名：钓藤、吊藤、钩藤钩子、钩钩藤、挂钩藤、钩丁、倒挂金钩、钩耳、金钩藤等。以带钩的茎枝入药，具有息风定惊，清热平肝功效。用于肝风内动、惊痫抽搐，高热惊厥，感冒夹惊，小儿惊啼，妊娠子痫，头痛眩晕等症。目前，贵州省种植面积43万亩，涉及8个市（州）37个县，其中种植面积最大的地区是黔东南州，达35万亩；在2011年国家质检总局批准对"剑河钩藤"实施地理标志产品保护，钩藤是剑河县的

"一县一品"，种植面积达 11.5 万亩，也形成了"剑河钩藤"品牌。钩藤产业在贵州得到了迅速发展，为加快山区农民脱贫致富、解决就业、增加地方财政收入、退耕还林、治理和保护环境做出了积极贡献。

根据《中国药典》（2020 年版）规定，钩藤（*Uncaria rhynchophylla*（Miq.）Miq. ex Havil.）、大叶钩藤（*Uncaria macrophylla* Wall.）、毛钩藤（*Uncaria macrophylla* Wall.）、华钩藤（*Uncaria sinensis*（Oliv.）Havil.）、无柄果钩藤（*Uncaria sessilifructus* Roxb.）的干燥带钩茎枝均可入药。贵州种植的主要是钩藤和毛钩藤，2021 年认定通过的"贵钩 1 号"品种，推荐种植。

二、植物学特征

钩藤，藤本植物；嫩枝较纤细，方柱形或略有 4 棱角，无毛。叶纸质，呈椭圆形或椭圆状长圆形，长 5~12cm，宽 3~7cm，两面均无毛，干时褐色或红褐色，下面有时有白粉，顶端短尖或骤尖，基部楔形至截形，有时稍下延；测脉 4~8 对，脉腋窝陷有黏液毛；叶柄长 5~15mm，无毛；托叶狭三角形，深 2 裂达全长 2/3，外面无毛，里面无毛或基部具黏液毛，裂片线形至三角状披针形。头状花序不计花冠直径 5~8mm，单生叶腋，总花梗具一节，苞片微小，或成单聚伞状排列，总花梗腋生，长 5cm；小苞片线形或线状匙形；花近无梗；花萼管疏被毛，萼裂片近三角形，长 0.5mm，疏被短柔毛，顶端锐尖；花冠管外面无毛，或具疏散的毛，花冠裂片卵圆形，外面无毛或略被粉状短柔毛，边缘有时有纤毛；花柱伸出冠喉外。柱头棒形。果序直径 10~12mm；小蒴果长 5~6mm，被短柔毛，宿存萼裂片近三角形，长 1mm，星状辐射。花期、果期都在为 5~12 月。

三、生物学特性

钩藤适应性较强，喜温暖、湿润、光照充足的环境，在土层深厚、肥沃疏松、排水良好的土壤上生长良好。常生长于海拔 1000m 以下的山坡、丘陵地带的疏生杂木林间或林缘向阳处。

在剑河县，钩藤植株 3 月新芽萌发，5~8 月植株旺盛生长，6 月结花苞，7 月开花，果期在 9~12 月，12 月开始叶片脱落，一般 12 月至翌年 2 月采收带钩茎枝。

钩藤种子种粒微小，千粒重仅在0.032~0.038g之间，每个球果含小蒴果46~83个，每个小蒴果含种子42~61粒。钩藤种子整体发芽率较低，清水处理的钩藤种子发芽数、发芽率较好，钩藤种子成熟胚不存在休眠现象，种皮也不存在抑制作用，保湿处理即可诱导种子萌发。以浓度1：12000的赤霉素溶液浸泡的钩藤种子培育出的种苗生长发育较好。

四、繁殖技术

钩藤的繁殖方式有种子繁殖、扦插繁殖和分株繁殖三种，生产上主要采用种子繁殖。

（一）种子繁殖

种子繁殖是钩藤的主要繁殖方式，下面将系统介绍种子繁殖育苗过程。

1. 圃地选择

选择交通便捷、排灌方便、上层深厚、土质疏松、土壤结构良好、肥力水平中等以上的地块建苗圃，以水稻田或缓坡新土为好，忌用菜地、花生地和马铃薯地等。

2. 整地作床

苗圃地选好后，于秋后在圃地上铺放一层杂草或割盖一层灌杂林，放火烧掉，再将肥料均匀地撒在圃地上，每亩施撒农家肥1000~1500kg 或复合肥 50kg、磷肥 25kg，然后对圃地进行深翻，如果是新土的还要拍细，捡净树根，清除石块和杂草。

翌年春对圃地进行深耕细耙，并用多菌灵对土壤进行处理，然后开沟作床，床面宽 90~110cm、床高 15~20cm、步道宽 20cm。床面要平，床土要细。

3. 播种期

钩藤播种一般在 3 月下旬至 4 月上旬，日平均温度在 10℃以上时进行。

4. 播种量

钩藤种子种粒微小，千粒重仅在 0.032~0.038g 之间，播种量为1kg/ 亩，出苗量控制在 50~100 万株 /667 ㎡为宜。

5. 种子处理

播种前精选种后，用清水浸泡种子 24 小时即可播种，或用草木灰水浸泡 24 小时，然后把种子放入干草木灰中搓揉，将种子两端的膜翅搓去备播。

6. 播种方法

经过处理的种子混入适量的草木灰或细河沙，来回均匀地撒在整好的床面上，然后用竹扫帚来回扫动，使细小的种子落入土壤缝隙中即可，不用另外覆土。最后在床面用杉木刺、茅草、稻草或薄膜覆盖，用作保温保湿。

7. 苗期管理

揭开覆盖物：钩藤播种后 55 天左右出苗，幼苗开始大量出土时，及时揭除覆草或薄膜，以免幼苗被压盘、折断或缺乏光照，透光率为 55%~75% 的遮阴度更适宜钩藤幼苗的生长。

除草：钩藤幼苗细弱，应及时松土除草，避免草荒。

追肥：苗期追肥结合除草松土进行，待苗高 2~3cm 后，每隔 15 天喷施一次 0.3% 尿素和 0.2% 磷酸二氢钾溶液作根外追肥。

排灌：出苗后要控制浇水，促进根的生长，同时要注意防涝抗旱，如果苗期被水淹（半天）则幼苗的成活率就会大大降低，成活率只有 20%~30%。在干旱季节需时时注意旱情的发展，发现幼苗受旱萎蔫，次日凌晨仍不能恢复正常时，应及时浇水抗旱，应在早晚土壤温度较低时浇水，减少苗木因干旱而死亡。

苗期病虫害防治：钩藤苗圃病害主是猝倒病（表现为烂芽、顶腐、立枯等症状）；虫害主要是地老虎和金龟子，应注意观察及并时防治。

假植：当苗高达 3cm 左右时即可以进行假植。需选择阴雨天、阴天或晴天早晚进行，要做到随起随栽和避开连续干旱的高温天气假植苗木。假植株行距以 10cm×15cm 为宜。假植时要求压紧土壤，使土与幼苗的根系充分接触，栽后浇水，保证苗床湿润，同时要搭遮阴棚。成活后看苗施肥，一般春季每 10~15 天用 10%~15% 的清粪水追肥一次，以苗床浇透 2~5cm 为度，9 月以后进入苗木生长后期，停止施用氮肥。待苗长到地径 0.6cm、高 40cm 以上时，第二年春即可用于定植。

（二）扦插繁殖

1.扦插时间

在 3 月上旬至 4 月上旬腋芽萌动时进行，此时气温回升，雨量渐多，扦插苗易于成活。

2.选地作床

与播种育苗相同。

3.插穗的选择

钩藤扦插繁殖成活率与插穗的枝龄有关。不同树龄、不同部位的插穗生根率有明显差异。二年生和多年生枝条上剪取的插穗较当年生枝条上剪取的生根成活率高，且从当年生枝条上部剪取的插穗比枝条下部剪取的插穗生根成活率低。采集二年生、健壮无病虫害的茎枝作插穗，成活率达 40% 以上。

4.插穗的截取

把钩藤茎枝用钩剪截成 15~25cm 长的插穗，每段带有 2~3 节。上剪口距芽 1~1.5cm 处剪平（刀要快，防止破裂。若天气较干燥，也可用蜡把上切口封住），下剪口在侧芽基部或节处斜剪，一般离节处 4~5mm，剪口要平滑。把长短、大小基本一致的插穗进行分类，插头和顶端保持一致并捆扎，捆好后备用。

5. 插穗处理

把生根粉配制成浓度为 10g/l 的溶液后，将捆扎好的插穗下部浸泡在溶液中 0.5~1 小时，取出后扦插。

6. 扦插方法

插穗应随剪随插，扦插株行距 8cm×12cm，插穗与地面成 75°~85° 的夹角，斜插在准备好的苗床上，插穗埋入土中约 2/3，露出地面约 1/3，压紧。具体操作方法是：用锄头在苗床上横向打沟，深度约为 10cm，把插穗顺着插床方向摆好，顶端向上，株距 8cm，然后在 12cm 处用锄头掏沟并用其泥土盖住扦插苗，用脚把泥土踩紧，使插穗与土壤紧密接触即可。

7. 插后管理

扦插结束后，对整个苗床进行浇水，最后覆盖地膜和搭设遮阴棚，棚高 50cm，遮阴棚常用遮阳网，一般晴天 8 时至 17 时遮阳，其他时间应撤去遮阳物。同时应根据天气情况适时浇水，不能让苗床干旱，雨季注意防涝。扦插后 7 天再浇透一次水，保持畦内湿润，高湿和适宜温度的扦插环境，能维持枝条水分代谢的平衡，提高扦插的生根率。一般插后 20 天长出愈伤组织，45~50 天生根、发芽。萌芽长至 1~2cm，尽早去除多余弱芽，选留壮芽，芽长 4~5cm 时去掉覆盖物，施一次稀薄人畜粪水，以后每隔 30 天浇稀薄人畜粪水一次。对苗床地还要勤除杂草。其余管理与播种育苗相同。钩藤扦插苗一般在第二年春季就可出圃定植。

8. 钩藤苗质量标准

钩藤出圃合格苗要求：实生苗苗龄二年以上（扦插苗苗龄一年

即可），地径大于 0.6cm，苗高大于 40cm；根系完整，侧根长度 20cm 以上，侧根数 4 条以上；同时，无病虫害，无机械损伤。钩藤苗质量等级标准见表 5。

表 5　钩藤苗木质量等级标准

等　级		Ⅰ		Ⅱ		Ⅲ	
苗　龄		一年生	二年生	一年生	二年生	一年生	二年生
实生苗	苗高（cm）	≥ 30	≥ 100	20~30	30~100	< 20	< 30
	地径（cm）	≥ 0.6	≥ 1.0	0.3~0.6	0.6~1.0	< 0.3	< 0.6
	侧根长（cm）	≥ 15	≥ 30	10~15	20~30	< 10	< 20
	侧根数（条）	≥ 4	≥ 6	3~4	4~6	< 3	< 4
	侧根粗（cm）	≥ 0.4	≥ 0.7	0.3~0.4	0.5~0.7	< 0.3	< 0.5
扦插苗	苗高（cm）	≥ 60	≥ 100	40~60	60~100	< 40	< 60
	地径（cm）	≥ 1.0	≥ 1.2	0.8~1.0	1.0~1.2	< 0.8	< 1.0
	侧根长（cm）	≥ 15	≥ 30	10~15	20~30	< 10	< 20
	侧根数（条）	≥ 4	≥ 6	3~4	4~6	< 3	< 4
	侧根粗（cm）	≥ 0.4	≥ 0.7	0.3~0.4	0.5~0.7	< 0.3	< 0.5
技术规定	1. Ⅰ、Ⅱ级苗为合格苗；2. 合格苗应根系完整，侧根分布均匀，不卷曲，须根多；3. 合格苗应苗干通直，无病虫害，无机械损伤。						

（三）分株繁殖

钩藤根部粗壮发达，根部前端有自然萌发小芽的习性，但数量较少。分株繁殖时可于春季选择生长健壮的钩藤作母株，在根际周围锄伤根部，促其萌发不定芽，增加分株数，加强管理，一年后即可分株定植。

五、种植技术

（一）对外界环境条件的需求

钩藤种植，应选择生态环境良好，不受污染源影响，并具有可持续生产能力的区域。

1. 气候条件

钩藤适应性强，喜温暖湿润、怕严寒，生长适宜温度 20~27℃，在 18℃以下生长缓慢，在 0℃以下时，常导致嫩梢冻伤或冻死。适宜生长在年平均温度 15℃ ~17℃，1 月平均温度 ≥4℃，≥10℃ 的年积温 4800℃以上，无霜期每年 310 天左右，年降雨量 1000mm 以上，年均相对湿度 70%~86%，年日照时数 1100 小时以上的地区。光照对植株的影响较大，钩藤虽然是耐阴植物，但是光照不足不利于其生长和结钩，为了提高产量和品质，应选择光照较好的地块栽植。

2. 土壤条件

钩藤对土壤质地的适应范围较广，但在土层厚度 40cm 以上、疏松、肥沃、富含腐殖质、排水良好、pH 值 5.5~7.5，有机质含量 2% 以上、地下水位 1m 以下的砂质壤土上生长良好；忌选低洼积水、黏重、瘠薄的土壤种植。

3. 地形地势

剑河钩藤种植应选择海拔 800m 以下，坡度 45° 以下的荒山、荒坡、坡耕地、山谷、溪边、丘陵地带的疏生杂木林间或林缘向阳处、采伐迹地种植，林边空地、疏林地等也可种植。忌选低洼潮湿地段及风口。

（二）栽植密度

钩藤栽植密度根据经营作业方式及立地优劣确定：纯钩栽培（180~200）株/亩；钩林套种（70~100）株/亩；钩药间作（90~100）株/亩。

（三）种植点配置

钩藤造林根据经营需要采取不同的种植点配置方式，纯林栽培经营方形配置和长形配置均可，林木套种经营采用长形配置，林药间作经营宜采用长形配置。钩藤造林常用密度及植点配置表见表6。

表6　钩藤造林常用密度及植点配置表

经营类型	密度（株/亩）	株行距（m）	植点配置	备　　注
纯林栽培	200	1.6×2	长形	
	180	1.8×2	长形	
	200	1.8×1.8	方形	
林木套种	100	3.2×2	长形	钩藤和杉木、黄柏、厚朴、杜仲等木本植物套种。
	70	3.2×3	长形	
林药间作	100	1.6×4	长形	钩藤行间间作半夏、天南星、天冬、重楼等耐阴药材。
	90	1.8×4	长形	

（四）整地

1. 林地清理

钩藤种植前必须对种植地块进行清理，把种植地块上的杂灌刺丛、杂草以及枝丫、梢头等杂物清除掉。根据种植地块的情况可分为全面清理、带状清理和块状清理三种方式。在荒山、荒坡、荒土、林边空地、采伐迹地新建钩藤种植园，可采取全面清理的办法进行清理。即割除种植地块上的杂灌木、杂草，用火烧掉。在疏林地、残次林地、果园边缘地和人工造林后的幼林地中间作钩藤的种植地，可根据林木的分布采取带状清理或块状清理，割除的杂灌木、杂草，不能用火烧，只能归堆或平铺。

2. 整地时间

于头年秋冬季节准备炼山整地，保证栽植前完成炼山挖坑工作。

3. 整地方式和方法

坡度在 20° 以下平缓地块可进行全垦整地，坡度 20°~35° 的地块可采取水平梯带整地，梯带带面宽度 ≥ 1.0 m，坡度 35°~45° 的地块沿等高线挖鱼鳞坑栽植。

4. 挖坑

按不同栽植方式的株行距要求挖定植坑，定植坑不小于（60×60×50）cm。挖时表土、心土分开。回填时先表土，后心土。同时每穴分层施入土杂肥 10kg 或腐熟厩肥 5kg、磷肥 0.5kg，并与穴中土壤拌匀。

（五）栽植定植

1. 苗木准备：采用二年生实生苗（Ⅰ、Ⅱ级）或一至二年生扦插苗（Ⅰ、Ⅱ级）栽植。取苗前苗床要适当控水，进行蹲苗。取苗时如遇苗床干燥，须先行浇水，使土壤湿润松软，便于起苗，挖苗时尽量少伤根，多带土。剪成约 40cm 长，并按 50 株或 100 株一把分级打捆。运输车辆最好是货柜车，运输途中可避免风吹失水而影响成活率。

2. 栽植时间：每年 2~3 月定植。

3. 定植方法

苗木修剪和消毒：短剪过长的粗根，剪平伤根。剪好后把苗木根部放入 800 倍 50% 多菌灵溶液中浸泡 10 分钟。

定植方法：定植时，先在回填后的土堆上根据根系大小挖一小坑，然后把苗直立放入坑中，扶正苗木，理伸根系，盖上细土，当填土到一半时，要把苗往上提一提，填至根颈部后用脚踩紧、踏实，覆土稍高于原地面。每穴栽苗 1 株。为提高成活率，最好是边起苗边栽植，尽量缩短时间，各环节要保持苗根湿润，并注意起苗时要保持根系的完整性；也可用掺少许过磷酸钙的泥浆蘸根保湿；在干旱季节栽苗，可适度深栽，还应该浇定根水和覆盖树盘。

4. 田间管理

钩藤定植后第一、二年为幼树期，应做好养护、补植、施肥、中耕除草、清除杂灌、修剪、病虫害防治等工作。

养护：为保证成活率，定植后要采用稻（杂）草或薄膜覆盖保湿，发生严重干旱时，易造成幼苗萎蔫，如果次日早晨仍不能恢复正常，应及时浇水保苗。冬季要做好防寒保护。

补植：栽植半个月后，要检查成活率，发现死苗、缺苗时，应及时补栽上。补苗时间最好选择阴天或雨后进行，补苗时补施一次速效化肥，保证成活率达 90% 以上。对死苗缺株、当年来不及补植的，也可次年造林时选用同规格壮苗进行补植。

修剪：钩藤定植时一般留 30~40cm 定干。定植当年抽生茎枝长至 50cm 左右时，应及时摘心，以促进分枝，防止徒长，缩短节间距。次年惊蛰前后对茎枝留 40cm 左右短截，在以后抽生的萌蘖中留 3~4 个生长良好，方位适宜的作为茎枝培养，其余的疏除。当年抽生茎枝长至 120cm 左右时，应及时摘心，以后节间抽出的萌蘖也要及时疏除，减少养分消耗。第三年以后，每年的立春至春分时节，选晴天对茎枝留 50cm 左右短截，对于重短截后的钩藤植株，常在生长季节发出大量的萌蘖和枝条，为节约养分和避免荫蔽，对过多的萌蘖应去除，对过密的枝条要适当疏除。一般只留 4 个茎枝，培养成丛状树形。茎枝长到 2m 左右要摘心，新发嫩梢要抹除，以促进钩枝壮实。钩藤的摘心和剪梢去顶可以在整个生长期进行。

中耕除草：定植后每年中耕除草 2 次，分别在 5 月、9 月进行。中耕时，将植株四周的杂草杂灌用锄头除去后，抖尽泥土，覆盖于钩藤的根部，增肥保湿。不提倡用除草剂除草。为提高工作效率，建议使用割草机。根据药用植物不同生长发育时期的需水规律及气候条件、土壤水分状况，适时、合理灌溉和排水，保持土壤的良好通气条件。

施肥：施肥结合中耕进行。钩藤定植成活并抽芽 3cm 后，选阴雨天株施尿素 50g，5 月份再施一次，6 月份株施复合肥 50g，7 月份停肥，9 月下旬株施 0.5kg 有机肥。第二年施肥两次，第一次于雨水前后进行，株追施尿素 50g，第二次施肥结合第一次中耕进行，株追施有机肥 0.5kg。进入采收期后，应适当增加施肥量，还可通过种绿肥及割草补肥的办法补充肥料。

施肥时先在植株周围挖小穴或环形沟，放入肥料后培土。干旱季节不宜追肥。根据药用植物的营养特点及土壤的供肥能力，确定施肥种类、时间和数量，施用肥料的种类以有机肥为主，根据不同药用植物物种生长发育的需要有限度地使用化学肥料。

六、病虫草害防控技术

钩藤病虫害综合防控以农业防治、物理防治、生物防治为主，化学防控为辅。

农业防治：选用健康种苗，加强田间管理，及时清除田间杂草，合理修剪，改善树体通风透光条件，提高植株抗病虫能力；加强肥水管理，增施有机肥，补充 P、K 肥，提高植株抗性。

物理防治：采用诱杀和人工捕杀小地老虎、天牛等害虫；及时剪除病虫枝，清除病虫残体。

生物防治：改善钩藤种植园生态环境，保护和利用天敌资源，提高钩藤种植园病虫自控能力。

（一）钩藤病害主要是根腐病和软腐病

根腐病：在苗期发病，发病后，幼苗根部皮层和侧根腐烂，导致茎叶枯死。防治方法：种植时开沟排水，防止苗床积水；发现病株及时拔除销毁，病穴用石灰消毒；发病初期用 50% 多菌灵 1000 倍液，或 20% 甲基立枯磷乳油 1000 倍液，或 75% 百菌清可湿性粉剂 600 倍液等药剂灌施。

软腐病：苗期病害，危害全株，感病叶片呈水烫状软腐出现不规则小斑，严重时全株死亡。7~8 月是苗圃地高发期。防治方法：

种植时开沟排水，防止苗床积水过多；发现病株要及时拔除并销毁，病穴用石灰消毒；发病初期用60%多宝链霉素可湿性粉剂，或农用硫酸链霉素2000倍液，或兰花茎腐灵500倍液喷施。

（二）钩藤虫害主要有蚜虫、蛀心虫、蛴螬等

蚜虫：在4月份幼苗长出嫩叶时发生，7~8月为害植株顶部嫩茎叶，以成虫和幼虫吮吸嫩叶嫩芽的汁液，被害叶片向背面卷曲、皱缩、变黄，植株生长受阻。防治方法：秋、冬季在树干基部刷白，防止蚜虫产卵；结合修剪，将清理残枝落叶集中烧毁，减少越冬虫卵；蚜虫的天敌是瓢虫，在种植钩藤地引进瓢虫；蚜虫危害期，用10%吡虫啉5000倍液，或40%乐果1000倍液，或灭蚜松乳剂1000倍液喷杀。

蛀心虫：幼虫蛀入钩藤茎内咬坏组织，中断水分和养料的运输，致使钩藤植株顶部逐渐萎蔫下垂。防治方法：发现植株顶部有萎蔫现象时，应及时剪除；从蛀孔中找出幼虫灭掉；发现心叶变黑或成虫盛发期，可用95%敌百虫1000倍液喷杀。

蛴螬：蛴螬咬食钩藤嫩根，导致植株枯黄死亡。防治方法：设置黑光灯诱杀成虫；引入茶色食虫虻、金龟子黑土蜂和白僵菌等蛴螬天敌捕食；采用毒饵诱杀，每亩地用25%对硫磷或辛硫磷胶囊剂200g拌谷子等饵料5kg，或50%对硫磷、50%辛硫磷乳油100克拌饵料3~4kg，撒于种沟中进行诱杀；采用药剂处理土壤，用3%甲基异柳磷颗粒剂、3%呋喃丹颗粒剂、5%辛硫磷颗粒剂或5%地亚农颗粒剂，每亩2.5~3kg处理土壤。

七、留种技术

钩藤留种有藤茎扦插和种子两种方式。生产上，常用有性繁殖，采收钩藤种子进行育苗。钩藤种子繁殖时间长，但后代抗病能力强，产量高，可防止钩藤退化。

钩藤种植品种应选择"贵钩1号"品种，同时须进行母树优选，利用钩藤优良母树采种，尽量利用母树林和种子园生产的良种。在林分中选定的生长健壮、茎枝发达，无病虫、结实稳定的钩藤优良单株。

采种时间：钩藤花期在6~7月，果实在10~11月成熟。选择向阳、树体健壮、茎枝发达，无病虫、结实稳定的钩藤作为采种母树，在蒴果由黄绿色渐变黄褐色或棕褐色时选择无风晴天或阴天采收。

采种方法：蒴果采回来后，置于通风干燥的地方风干，并经常翻动直到蒴果开裂，搓出种子或用细木棒轻轻拍打使种子从蒴果内脱落出来。

种子干燥及贮藏：钩藤种子从蒴果内脱落出来后应拣除杂质，用3mm的细筛将种子筛出，及时摊晾，晾干后用塑料袋密封干藏。忌烈日暴晒及烟火熏烤，含水率控制在13%以下。

钩藤种子品质标准：钩藤合格种子应是当年新种，种实外观形态及质地特征表现为：种壳呈栗褐色或棕褐色，有光泽，种实饱满新鲜，膜翅明显，钩藤种子质量等级指标见表7。

表7　钩藤种子质量等级指标

项　目	指　标		
	一级	二级	三级
种子发芽率（％）	≥ 50	≥ 40 <50	≥ 30 <40
种子净度（％）	> 95	90~95	80~90
外观要求	种壳栗褐色或棕褐色，有光泽，光滑，饱满新鲜，膜翅明显。		
其　他	当年新种。		

八、加工技术

（一）采收

钩藤栽后第二年就能采钩，第三年达丰产。每年在11月后，钩枝变黄老熟，已木质化时采收。采收时间可延长至次年2月。用钩剪把带钩茎枝剪下（注意：不能直接用手撕，影响侧芽萌发）或用镰刀将钩枝割下，去除叶片，理齐，捆扎成把即可运回加工。

（二）初加工

在传统习惯上，是把摘除叶片的带钩茎枝置锅内蒸片刻或于沸水中略烫后取出晒干或烘干，目的是使色泽变紫红，油润光滑，或用剪刀将枝条上带钩茎枝（茎枝与钩等长，2~3cm）剪下，晒干或蒸片刻或沸水中略烫后晒干；或55℃烘干。经研究，钩藤经蒸或烫后总生物碱含量与直接晒干的基本一致。目前产区加工方法多是将采收来的带钩茎枝直接晒干或烘干。若要切段，则把带钩茎枝剪成2~3cm长的齐头平钩。

　　按质量标准分级，是提高药材商品性能、提高效益的有效措施。可根据商家要求进行。加工场地环境和工具应符合卫生要求，晒场预先清洗干净，远离公路，防止粉尘污染，同时要备有防雨、防鼠、防家禽设施。钩藤商品等级标准见表8。

表8　钩藤商品外观质量标准

项目	指标					
	单钩	双钩	混钩		统货	钩枝
			一等	二等		
直径（cm）	0.2~0.6	0.2~0.6	0.2~0.6	0.2~0.6	0.2~0.6	0.2~0.6
长度（cm）	2~3	2~3	2~3	2~3	2~3	≥ 30
规格	干货、净钩、无光梗及双钩梗、无枯枝钩、无虫蛀、霉变。	干货、净钩、无光梗及单钩梗、无枯枝钩、无虫蛀、霉变。	干货，为双钩和单钩的混合品，无光梗、无枯枝钩、无虫蛀、霉变，单钩不超过1/3。	干货，为双钩和单钩的混合品，无光梗、无枯枝钩、无虫蛀、霉变，单钩不超过1/2。	干货，为双钩藤、单钩藤和光梗的混合品，无枯枝钩、无虫蛀、霉变。	干货，为无钩茎枝，无杂质、无虫蛀、霉变。
外观	枝节一侧生一个弯曲的钩如吊钩长1~2cm。	枝节上对生两个向下弯曲的钩，如牛角。				茎枝呈圆柱形或类方柱形，其上依次着生单钩和双钩。
色泽	表面呈红棕色至紫红色，断面呈黄棕色，髓部呈黄白色或中空。					
气味	气微，味微苦。					

（三）贮藏

将干燥的钩藤药材放在清洁、阴凉、干燥、通风、无异味的专用仓库中贮藏，要求温度 30℃以下，相对湿度 65%~75%，商品安全水分为 9%~11%。注意防虫、防鼠、防潮，定期检查养护。

第六节　白及

一、概述

白及为兰科植物白及（*Bletilla striata* (Thunb. ex A. Murray) Rchb. f.）的干燥块茎，别名白根、地螺丝、白鸡娃、羊角七、连及草、紫兰等，多年生草本植物，其味苦、甘、涩，性微寒，具有化瘀止血、补肺生肌的功效，属止血类药。根据现有研究资料，白及属植物在世界范围内存在约 6 种，分布于亚洲的缅甸北部经我国至日本。我国产 4 种，分别为白及（*B.striata*）、黄花白及（*B.ochracea*）、小白及（*B.formosana*）和华白及（*B.sinensis*），分布范围北起江苏、河南，南至台湾，东起浙江，西至西藏东南部（察隅）。关于白及的描述最早出现在《神农本草经》中，白及原产于中国，主要分布于中国陕西南部、甘肃东南部、云南（滇西北区域除外）、贵州、四川、湖北、湖南、江苏、安徽、广东、广西、河南、江西、福建、浙江、重庆等地，在泰国、韩国、日本等国家也有分布，生长在海拔 100~3200m 的常绿阔叶林、栎树林或针叶林下，以及路边草丛或岩石缝中。

白及是一种重要的药用植物，其干燥块茎是一种传统的中药材，它不仅作为中草药被广泛应用，而且在临床应用上也发挥着十分重要的作用，临床主要用于治疗咯血、吐血、外伤出血、疮疡肿毒、皮肤皲裂等症状。现有研究表明，其所含成分多糖具有止血、抑菌、抗肿瘤、抗氧化、促进创面愈合、免疫调节等生物活性。白及的假鳞茎中也含有大量的白及胶，具有黏度，广泛用于纺织印染、特种涂料、生物医药、医药工业和化妆品等领域，在食品领域亦有较大的应用潜力。白及花的周期较长，其颜色十分艳丽，花型优雅，引人注意，也常用作观赏植物，具有极高的经济价值、观赏价值、药用价值。然而，随着人们对白及认识的加深，其用途也越来越广泛，对白及的需求量不断增加，价格不断上涨，造成了大部分地区掠夺式采挖，导致野生白及种群数量遭到人为的大破坏，由于野生白及繁殖系数低，自身生长周期较长，以致于濒临灭绝。目前，野生白及已被国家列为珍稀濒危植物加以保护，被收录于《濒危野生动植物种国际贸易公约》附录Ⅱ中。2013年后，白及种子无菌繁殖技术取得突破，随着种苗繁育、大田栽培、林下种植等技术成熟完善，现今人工栽培白及已成为白及药材的主要来源。白及种植、加工实用技术，是由贵州大学中药材团队白及课题研究组经过多年的技术研究和生产实践经验基础上编写而成，供生产者参考。

二、植物学特征

白及植株高 18~60cm，块茎肉质，呈白色，具有 2~3 叉，呈菱角状，有须根，常数个并生；假鳞茎扁球形，富黏性，上面具荸荠似的环带；茎粗壮，劲直；叶 4~6 枚，长 8~29cm，宽 1.5~4cm，先端渐尖，叶片狭长圆形或披针形；花序具 3~10 朵花，常不分枝或极罕分枝；花苞片长圆状披针形，开花时常凋落，长 2~2.5cm；总状花序顶生，呈紫红色或粉红色；萼片和花瓣近等长，狭长圆形，花瓣较萼片稍宽，长 25~30mm，宽 6~8mm，先端急尖；唇盘上面具 5 条纵褶片；唇瓣较萼片和花瓣稍短，倒卵状椭圆形，长 23~28mm；蕊柱长 18~20mm，蕊柱柱状，具狭翅，稍弯曲，4~5 月开花；蒴果圆柱形，上有 6 条纵棱，两端稍尖，果期 7~8 月；可在夏、秋季节采收加工。

三、生物学特性

白及的生命力非常旺盛，生存温度为 -10℃ ~40℃，适应能力比较强，喜温暖、湿润、阴凉的气候环境，不耐寒；喜肥沃、疏松、排水良好的砂质壤土或泥土、腐殖质壤土；耐阴性强，忌强光直射，适合林下种植，生长海拔范围在 100~3200m 之间，生命力比其他大部分中草药旺盛。研究表明在 16℃ ~26℃ 之间白及生长最迅速，有一定的耐寒力，但应避免阳光的直射，容易将植株叶片烧伤，不利于白及的生长发育。野生白及常见于丘陵、低谷溪边、草丛中及林下湿地等地，目前国内大规模白及种植基地主要集中在云贵高原地区和长江沿线，其中贵州的产量最大，质量最好。

四、繁殖技术

随着国内对白及的研究不断深入，白及市场需求量不断扩大，采取人工繁育种苗是保护白及野生资源、提高白及产量的重要措施。以往白及带芽头块茎分株繁殖的方法不能适应规模化种植使用，因其繁殖系数低、对块茎积累的物质消耗大，且切割的创面易被微生物感染而腐败。现阶段白及繁育的方式有三种：块茎分株繁殖、种子直播繁殖、种子无菌培养技术繁殖。

（一）块茎分株繁殖

块茎分株繁殖是将成年白及的块茎根据芽头数进行分切再植，分株种植较组织培养生产周期要短，可以用于农户小面积栽种。但因分株繁殖系数不高，难以满足大规模田间种植。其具体步骤为：选取 2—3 年的白及块茎，将发育完整的块茎一分为二，或根据芽头多少、大小，分成更多的植株栽种。

（二）种子直播繁殖

种子直播方法是将成熟白及种子直接播撒到基质盘里，让其自然萌发，株高发育至 2~3cm 时，再分株移栽至培养穴盘中培养，待长至 10~15cm 再移栽到土地里。其特点是能大规模地生产白及幼苗，成本较低，利于进行大面积推广。

白及为兰科植物，种子呈黄色粉末状，细小无胚乳，仅由种皮和胚构成，其种子成熟时种皮细胞质、细胞器退化消失，是一层半透明的死细胞，缺乏营养成分的胚乳，在自然条件下极难萌发成苗。通过研究发现，白及种子在适配的椰糠基质上能顺利萌发，萌发率高于80%，是理想的种植基质。其步骤如下：

1. 椰糠基质

处理椰糠基质需要选用优质透气、透水的椰糠，然后将其均匀地平铺，充分接受日晒，杀灭椰糠中的有害微生物，然后撒上生石灰拌匀消毒，用适量的复合肥混合后放置备用。

2. 种子播种

选用120孔PVC穴盘，将处理好的椰糠基质均匀装满穴盘后，用水浇透，并将白及种子均匀分散到穴盘上，盖上透明罩，放入大棚中定时浇水培育；罩子的作用是为了保温保湿。

3. 分盘移栽

15天后，种子萌发至2~4cm高度时，准备新的塑料平盘，并装满营养土基质，然后轻轻地将萌发嫩芽移出，转移到营养土穴盘中，每株间距在2cm左右，一般移栽80~120株至每个塑料平盘最为合适。

4. 田间移栽

在炼苗2~3个月后，植株发育到10cm左右就可以进行田间移栽。进行田间移栽时，首先应将田地起垄，高30cm、宽150cm，移栽间距控制在60cm以上，为了白及幼苗成长后分株有充足的距离。然后定期施肥除草，栽植两年后可采收药材。

（三）种子无菌培养技术繁殖

白及种子无菌培养，是指将种子灭菌后，接种播撒到人工配制的无菌培养基中培育成幼苗的技术。因白及种子数量大，繁殖系数高，品质优良，适宜于大规模种苗生产。由于技术操作性较高，成本相对高，仅适宜工厂化生产。

种子通常选取胚龄大于 20 周的蒴果，其步骤如下：

1. 选取成熟未开裂的白及蒴果，把表面洗净，并用洗洁精加水浸泡 5 分钟，自来水冲洗 20 分钟。

2. 置于超净工作台上进行灭菌处理，将白及蒴果浸泡 30 秒，用 75% 的酒精（由于渗透性强，时间不宜过长），无菌水清洗 2 次，再用质量分数 $0.1\%HgCl_2$ 消毒 10 分钟（氯化汞有毒，注意操作），这期间不断振荡，无菌水冲洗 2 次，第二次用质量分数 $0.1\%HgCl_2$ 消毒 8 分钟，无菌水冲洗 6~8 次后备用。

3. 灭菌后的蒴果置于无菌滤纸上，用解剖刀把蒴果外壳划开一个小口，用镊子夹起白及种子，轻轻抖动，使种子均匀撒落在液体培养基（1.0mg/LNAA 和 2.0mg/L6-BA 的 1/2MS）上进行悬浮培养，置于培养温度 25±2℃，转速为 150r/min 的摇床中培养；亦可以在 1/2MS 固体培养基上培养。

4. 再经过愈伤组织的诱导培养、增殖、分化、丛生芽生根、炼苗与移栽等方法即可。

5. 若蒴果开裂，可直接将种子进行灭菌处理，直接处理过的种子萌发时间缩短至 1 周左右。

五、种植技术

育苗地宜选择平地或有一定坡度的熟地，土壤以富含腐殖质的为宜，土层疏松肥沃，无积水。种植地应选土层深厚、排水良好、土壤肥沃疏松、富含腐殖质的砂质壤土地块种植，以砂质壤土为宜（黏土不宜），土壤 pH 值中性至弱酸性，水质无污染。选择开阔缓坡或平地土层，并富含腐殖质的砂质壤土地块种植；种植地不宜与梨树、川党参、豆科等易感锈病的植物毗邻。土地深耕 30cm 以上，随整地施入基肥，以有机肥为主，化学肥料为辅；农家肥应充分腐熟；整细耙平土壤后，起高 10cm~15cm、宽 80cm~120cm 的高畦，沟宽 20cm；种植时按照株行距为 25cm×40cm 进行定植；移栽后应及时浇水。具体步骤如下：

（一）选地整地

白及对土壤的透气性要求较高，应选择土层深厚、肥沃、疏松、排水良好的土地，土质为砂质壤土和腐殖质壤土为宜；温暖、稍阴湿环境，宜选阴坡生荒地栽植。

播种前应深耕，耕作深度不低于 30cm。四周排水沟要整理通畅。耕作时，施优质腐熟农家肥 22.5t/hm^2 作为底肥，深翻到土壤中再起畦，畦面宽 1.4m、畦高 20cm，耕平耙细畦面后等待播种。结合整地，耕翻时将 1.1% 苦参碱粉剂 30~37.5kg/hm^2 均匀撒入土中，杀灭土壤中地下害虫小地老虎、金针虫等。播前施复合微生物肥料 1875kg/hm^2+ 有机肥 15t/hm^2，翻耕使土壤和肥料充分混合。

（二）选种

白及用种子播种较难，分块茎繁殖较易。9~10 月白及收获后可以选种。选择个头中等、芽眼多、无病的块茎，当年生具有鳞茎和嫩芽，且无虫蛀、霉变、腐烂和机械损伤的块茎作种。为了提高白及种植成活率和促进白及植株强健成长，最好边挖、边选、边栽，也可以把白及种贮藏到第二年春季栽培。

（三）栽培

白及栽培最佳时期是 3~4 月。春分过后，按株距 30cm、行距 30~40cm、穴深 12~15cm 挖穴，然后把嫩芽块茎分割成小块，每个小块上保证有嫩芽 1~2 个，伤口处蘸石灰与细土混合物。将带有嫩芽的种茎每穴均匀种植 3 个，每个种茎芽嘴处呈三角形相互错开，平放在穴底，再用充分腐熟的农家肥，筛细后覆盖，或用腐殖土拌入细泥土覆盖；覆盖后压实，穴面覆盖要与畦面保持平行，种植后浇足定根水。可覆盖黑色地膜，保温保湿，提高白及成活率，同时抑制杂草生长。

（四）田间管理

干旱时要及时浇水保持湿润，雨季则要注意排水防涝；种植地易滋生杂草，一般每年要除草 3~4 次；及时中耕除草严防草荒，畦面人工拔除，畦沟锄除，以免伤根。根据白及的生长、土壤肥力等进行平衡施肥。可间种有遮阴度的经济植物，减少阳光（7~8 月）对白及叶片的灼伤。

1. 除草

3~4 月栽培后，随着气温升高，降雨量多，杂草生长迅速，从而抑制白及幼苗生长，需做好除草工作。分为 4 次除草，第 1 次在白及出苗后；第 2 次在 6 月左右；第 3 次在 7~8 月；第 4 次在8~9 月；10 月以后杂草生长缓慢，进入休眠期，地上部分枯萎，可以不除草，冬季杂草停止生长倒苗后，需及时清理地面倒伏枯枝和杂质。白及幼苗矮小，锄草时浅锄畦面，避免伤及茎芽和根；同时可覆盖黑色地膜，抑制杂草生长。

2. 肥水管理

白及喜阴湿环境，田间要经常保持湿润。夏季高温干旱时叶片容易枯黄，因此天气干旱时，要及时浇水保湿；一般情况下，每10天喷施水溶性肥料1次。白及怕涝，大雨过后要及时排水处理，避免烂根。

白及喜肥沃，每次中耕除草后，应及时施肥。用含氨基酸、腐殖酸的水溶性肥料进行叶面喷施；其水溶性肥料有调节营养的作用，具有增强植物的代谢功能、能促进植物对营养物质的吸收、提高植物的抗逆性、改善植物品质和提高产量等特性。用水稀释后叶面喷雾，稀释倍数随植物生长发育而降低，即喷施药物的浓度"由稀到浓"一般白及整个生长期都可使用。

3. 适时收获

白及采挖应尽量保证其假鳞茎的完整性，完整挖出根茎部，除去泥土、残茎和芽头，将连及而生的假鳞茎掰成单个叉形的假鳞茎，采挖过程避免破伤白及假鳞茎。

白及种植2~3年后，9~10月地上茎枯萎时，挖出块茎，并去掉块茎上的须根、泥土。先选留老秆的块茎作种子用，然后剪掉茎秆；其余块茎分开摘下，在清水中浸泡1小时，洗净泥土捞出，放至沸水中煮5~10分钟，当块茎内没有白心时，捞出晾晒烘干，再清除杂质即可。一般采收鲜品10.5~15t/hm^2，可加工2250~3750kg/hm^2。以个头大、饱满光润、色泽白亮、半透明、质地坚实的为优质品。

六、病虫草害防控技术

白及常见病害有枯叶病、叶锈病、霉病、炭疽病、根腐病，虫害主要有地老虎、食蘑蝇、蝼蛄、白介壳虫等。应采取预防为主、综合防治的方法。避免土地过湿，改善通风通气条件；针对病株，应去除感病部位，并降低土壤湿度，对病株土壤进行隔离、清理，或撒石灰粉等消毒；加强水肥管理，增施有机肥。采用化学防治时，应当符合国家有关规定，优先选用高效、低毒的生物农药；尽量避免使用除草剂、杀虫剂和杀菌剂等化学农药。

在春、夏期间雨水过多时，白及容易发生根腐病和叶斑病，主要危害叶片和根部，导致植株死亡。

（一）根腐病和叶斑病

物理防治：南方多在春、夏多雨季节发生，应注意排涝防水，深挖排水沟。防涝防渍，保持排水畅通，田间湿度不宜过大，不要让白及长期浸泡在积水的土壤中。

化学防治：用恩特施菌液（含地衣芽孢杆菌、胶冻芽孢杆菌，对植物的生根、解害、防病、提质、增产方面效果优异突出）100~120ml 兑水 15kg，加 1/3 袋多乐收（海藻型叶面肥）叶面喷施；每间隔 7 天左右用药，病轻连用 2 次，病重连用 4 次以上。

（二）虫害

1.小地老虎、金针虫

可人工捕杀和诱杀，拌毒土，10% 辛硫磷乳油 50~100ml 拌毒饵 3~4kg 撒施于行间；用 50% 辛硫磷乳油 700 倍液浇灌苗床，或用 80% 敌百虫可湿性粉剂 800 倍液或 50% 辛硫磷乳油 1000 倍液灌根。

昆虫病原线虫粉剂（科云奈玛）是一种活体线虫，能主动寻找并杀死害虫，具有持效时间长、无残留、使用方便等特点；对人、高等动物、植物和环境安全无公害；无抗药性，多次使用不会产生抗性等特点，使用量 6kg/hm²，随水冲施，间隔 20 天再使用 1 次，能很好地控制地下害虫。

2. 尺蠖、红蜘蛛、蓟马

可用昆虫病毒生物杀虫剂 600 亿 PIB/g 棉铃虫核型多角体病毒水分散粒剂 2~3g 兑水 15kg 喷施，或用 10% 阿维菌素悬浮剂 105~165mL/hm²，间隔 10 天，连续 3 次用药，防控效果更好；其具有防效稳定、持效期长等特点。

3. 蜗牛、蛞蝓、老鼠和蚜虫

蜗牛和蛞蝓可选用 6% 四聚乙醛粒剂 75~120kg/hm² 诱杀，注意施用后不喷水，一般在喷水后苗床微干时撒施。

防治老鼠，可根据危害情况投放毒饵或利用鼠夹、鼠笼进行捕杀。

蚜虫可用吡虫啉、毒死蜱等触杀型农药喷施防治；或选用菊酯类农药如氯氰菊酯、三氟氯氰菊酯、氰戊菊酯等防治，都具有较好的防治效果。

七、留种技术

选择个头中等、芽眼多、无病的块茎，当年生具有鳞茎和嫩芽，且无虫蛀、霉变、腐烂和机械损伤的块茎作种。应存储于阴凉干燥处，离地 10cm，隔墙 20cm。定期检查，防止虫蛀、鼠害、霉变、腐烂等情况的发生，仓库控制温度在 20℃以下、相对湿度 75% 以下。不同批次等级的药材分区存放，建有定期检查制度，禁止磷化铝和二氧化硫熏蒸。

八、加工技术

白及初加工方法有两种：烘烤干燥法、直接晒干法。其步骤包括脱根、熟化、分选、去外皮、烘烤干燥或直接晒干，禁止硫熏。

脱根：将带根须的白及假鳞茎冲洗干净，并分两次用 60℃烘烤 4~5 小时，然后取出用孔径 0.5cm 的滚筒过筛脱根、去渣。

熟化：用温度在 82℃ ~85℃之间的沸水煮或蒸，时间 30~40 分钟，将白及假鳞茎熟化至无白心。

分选：将半干的白及假鳞茎分别用孔径为 2.0cm 和 3.0cm 的滚筒分选成三种规格。

去外皮：置于撞笼里，撞去未尽粗皮与须根，使之成为光滑、洁白的半透明状。

烘烤干燥：多次烘烤，待白及假鳞茎内外干燥一致，质地坚硬，用白及假鳞茎相互敲击时，有清脆的声音，表面呈灰白色、黄白色或灰棕色，断面为类白色为好。干燥烘烤温度应控制在

45℃ ~60℃。

直接晒干：平铺晾晒，防止霉变；在加工干燥过程中，应保证工具洁净、场地干净、宽敞明亮，不受雨淋等。

第七节　何首乌

一、概述

何首乌原植物为蓼科何首乌植物 *Polygonum multiflorum* Thunb。别名：首乌、地精、铁称砣、红内消等，其茎藤称首乌藤、夜交藤等。以根茎入药，地上藤蔓以"首乌藤"名也入药；二者在历版《中国药典》中均有收载。何首乌味苦、甘、涩，性微温。归肝、心、肾经。具有解毒、消痈、截疟、润肠通便功能。用于疮痈、瘰疬、风疹瘙痒、久疟体虚、肠燥便秘。首乌藤味甘，性平。归心、肝经具有养血安神、祛风通络的功效。用于失眠多梦、血虚身痛、风湿痹痛、皮肤瘙痒。何首乌又是常用苗药，味苦、涩，性冷。入热经、快经。具有养血滋阴、截疟、祛风、解毒功能。主治头晕目眩、心悸失眠、血虚发白、遗精、白带、腰膝酸软、疮痈肿毒等症。

贵州何首乌生产虽已取得较好成效，但综合开发利用尚需深入研究与实践，特别在何首乌地上部分的嫩芽生长等方面还需深入研究。由于何首乌药用部位为块根，一般均要两年方能采收，经济效益不能尽快实现，所以有的农民生产积极性受到一定影响，更需政府及有关企业进一步加强引导与加大投入力度。

二、植物学特征

何首乌是多年生草本，块根肥厚，呈长椭圆形、黑褐色。茎缠绕，长 2~4m，多分枝，具纵棱，无毛，微粗糙，下部木质化。单叶互生，卵形或长卵形，长 3~7cm，宽 2~5cm，顶端渐尖，基部心形或近心形，两面粗糙，边缘全缘；叶柄长 1.5~3cm；托叶鞘膜质，抱茎，无毛，长 3~5mm。花序呈圆锥状，顶生或腋生，长 10~20cm，分枝开展，具细纵棱，沿棱密被小突起；苞片三角状卵形，具小突起，顶端尖，每苞内具 2~4 花；花梗细弱，长 2~3mm；花被 5 深裂，呈白色或淡绿色，花被片为椭圆形，大小不相等，外面 3 片较大，背部具翅，结果时增大，花被果时外形近圆形，直径 6~7mm；雄蕊 8，花丝下部较宽；花柱 3，极短，柱头头状。瘦果卵形，具 3 棱，长 2.5~3cm，黑褐色，有光泽，包于宿存花被内，花期为 8~9 月，果期为 9~10 月。

三、生物学特性

（一）生长发育习性

何首乌为多年生植物，因环境条件不同何首乌生育时期在时间上存在一定的差异。在贵州贵阳花溪，当 3 月上、中旬气温回升至 14℃~16℃时，何首乌藤蔓开始生长，随气温上升及 4 月下旬雨季到来，藤蔓生长进入第一个高峰期，7~9 月因高温干旱生长趋于缓慢；9 月中旬至 11 月初，秋雨季节来临，藤蔓生长进入第二个高峰期；11 月中旬至翌年 2 月上旬，藤蔓生长进入休眠期，但茎顶端仍在缓慢生长。

藤蔓具有分枝特性，定植后第一年地上部分生长主藤蔓，次年主藤蔓继续生长，并从茎基部及节间抽生新枝。在适当湿度和土壤覆盖条件下，茎节处易生根。何首乌整个生育期都在抽发新枝，生殖生长期中有营养生长期，但以生殖生长期为主，营养生长期的时间要长于生殖生长期。随纬度降低，营养生长期延长，生殖生长期延迟。扦插苗植株 1 年半即可开花结果，但花物候期的特点是蕾期与花期重叠，花期与果期重叠，少量蕾期与果期重叠，生殖生长期持续 3 个多月。

何首乌根系发达，入土可达 50~80cm，随干旱程度加深，根入土越深。扦插苗侧根和不定根均可膨大成纺锤状或团块状块根，一般在根中部发生，逐渐向两端发展。贵阳花溪一般在清明前后用扦插苗移栽种植的何首乌，4 月何首乌缓苗，5~6 月何首乌苗生长，6 月底何首乌地上部分已经封箱，7~8 月是何首乌地上部分与地下须根部分快速生长期，3 个月之后便开始膨大，膨大的数量较多，第一年栽植的何首乌在 8 月中旬至 11 月中下旬是块根集中膨大期，何首乌块根的重量和体积均增加，8 月中旬至 10 月上旬何首乌块根膨大个数较多，10 月中旬至 11 月下旬何首乌块根膨大个数减少，单个何首乌块根重量和体积增大。次年 5 月块根中干物质开始缓慢增加，最终能形成 2~4 个具有经济价值的膨大块根。

（二）生态环境要求

何首乌适宜性较强，在海拔 30~2200 m 的区域均有分布。

既能在贫瘠的黏质黄壤、红壤中生存，也能在疏松的砂质土及肥沃的砂质壤土中生长。分布的气候区主要为热带、亚热带季风湿润气候区，年均气温在 11.2℃~23.2℃范围内变化，最热月均温在 16.5℃~32.8℃之间，最冷月均温在 -0.1℃~15.5℃之间，年均降雨量 670~3219mm。年平均温度 11.2℃~23.2℃，年均无霜期210~345 天，空气相对湿度 30%~80%，海拔 30~2200m 何首乌均能生长，昼夜温差大的地区有利于何首乌块根的生长。年平均日照931.5~2327.5 小时。何首乌为喜光植物，光照不足茎蔓易嫩弱。何首乌喜土壤湿润，水分不足，影响幼苗生长，发棵缓慢；水分过多，特别是块根膨大期间，造成通气不良，影响块根膨大，严重时烂根。喜深厚、肥沃、疏松的土壤，土层黏性重瘠薄处虽能生存但生长不良好。

何首乌为多年生植物，因环境条件不同何首乌生育时期在时间上存在一定的差异。在贵州贵阳花溪，当 3 月上、中旬气温回升至14℃~16℃时，何首乌藤蔓开始生长，随气温上升及 4 月下旬雨季的到来，藤蔓生长进入第一个高峰期，7~9 月因高温干旱生长趋于缓慢；9 月中旬至 11 月初，秋雨季节来临，藤蔓生长进入第二个高峰期；11 月中旬至翌年 2 月上旬，藤蔓生长进入休眠期，但茎顶端仍在缓慢生长。

四、繁殖技术

何首乌繁殖方法可分为种子繁殖、扦插繁殖和压条繁殖。由于种子细小，不易采收，而且从播种到收获块根年限较长，生产上一般不采用种子繁殖。压条繁殖与扦插繁殖相比，等量枝条情况下，压条繁殖育苗量较少，生产上也很少采用。目前，生产上广泛使用的是扦插繁殖，下面重点介绍何首乌扦插繁殖育苗的有关问题。

（一）枝条来源：何首乌扦插枝条应从生长良好，经过人工栽培，具有优良性状的何首乌植株母体上剪取。

（二）枝条采集与保存：何首乌扦插枝条在何首乌生长期和休眠期均可进行采集，生长期采集时选取生长健壮、无病虫害的植株，然后选择植株上一根藤蔓，用枝剪从藤蔓底部地面附近剪断，剪掉藤蔓上部的嫩枝及细小的分枝，留下木质化和半木质化的茎藤。休眠期采集时可用镰刀割取全部藤蔓，再在割取的藤蔓里挑选生长健壮，无病虫害的藤蔓，然后剪掉藤蔓上部的嫩枝及细小的分枝，留下木质化和半木质化的茎藤。将修剪好的藤蔓从底部每3节剪一段即为扦插枝条，剪时将下端剪成斜面，上端剪成平面。枝条每节都具有休眠芽，并且休眠芽为活的饱满芽，枝条粗细均匀，直径大于2.5mm，颜色为黄色或褐色，半木质化，节数在3个或以上，节间长度较短的枝条为品质较好的枝条。再将剪下的扦插枝条按照上下端一致原则分级堆放在一起，每100根捆成1把，并且下端对齐。打捆的枝条置于阴凉处并做好保湿，或假植于湿润的沙土中备用。采集的藤蔓要及时剪成扦插枝条，整个过程要注意藤蔓和枝条的保湿，防止日晒。

（三）枝条处理与促进生根：扦插枝条在扦插前要进行消毒处理，可将扦插枝条用750倍50%可湿性多菌灵溶液浸泡30秒钟消毒，取出沥干。为防止水分蒸发，扦插枝条上端平口可以用石蜡或其他材料进行封堵。为促进扦插后生根可用萘乙酸、吲哚乙酸、吲哚丁酸或 ABT 生根粉、GGR 生根粉等处理枝条。例如，用 40mg/l 浓度的萘乙酸水溶液浸泡扦插枝条下端 1~2 节 2 小时，可以促进扦插枝条生根，提高扦插的成活率。也可以用 GGR 生根粉 100mg/l 浓度处理，或者用吲哚丁酸 40mg/l 浓度处理，促进生根的效果也比较好。

（四）苗圃选择与苗床准备：何首乌扦插种苗繁育的苗圃地应选地势平坦、灌溉排水方便、土层较深厚，肥沃、疏松、无污染的壤土或砂质壤土。苗圃所在地应该劳动力资源丰富，交通条件便利。扦插前施入腐熟的农家肥 2000~3000kg，或施入生物有机肥，然后进行深耕 20~30cm，整平耙细，起厢，厢面高度 15~20cm，厢面宽度 80~100cm，厢长度根据地形因地制宜。

（五）扦插与育苗：扦插时两人一组，第一人先在厢面上开横沟，沟深根据扦插枝条长度确定，以扦插后最上端的芽与厢面平为宜，然后向横沟内浇水至透，待水下渗后，另一人将处理好的扦插枝条上端朝上，下端朝下，稍微倾斜地放入沟内，注意此时要选出因处理、运输等原因造成损伤的枝条弃用，插条间距离 2cm，整齐地排放在沟内。然后由第一人按照沟间距 10cm 的密度挖下一个横沟，并将挖出的土覆盖到第一个横沟内，盖至与厢面平，踏实，如此循环完成整块地的扦插，扦插完毕后，可用小拱棚盖膜或遮阳网覆盖，用以保温保湿。

（六）育苗管理：1.温度管理：保持厢面温度 18℃ ~27℃，若高于 30℃，可揭膜通风降温，搭遮阳网遮阴的若厢面温度仍然高，可喷水降温。2.浇水与排水：当厢面土变干时，要及时浇水，每次必须浇透厢面土。大棚苗床地浇水可用大棚弥雾设施喷，或用喷壶浇。喷壶离地面苗床高度不得大于50cm。晴天浇水时，应在上午10：00点以前和下午4：00以后。每次浇水以地表以下10cm土层湿润为宜。若长时间阴雨造成田间积水，需开挖排水沟进行排水。3.除草：要及时除草，防止杂草滋生，除草时沟间杂草可用小锄头等工具铲除，若杂草生长在苗间或离苗距离太近，需人工拔除。拔除时注意防止松动插条根部，以免影响插条生长。同时严禁使用化学药剂除草。4.追肥：扦插条新发嫩枝长15cm时，视苗长势情况，适时追肥，用尿素按5kg/亩撒施于两行何首乌苗之间，用小锄头锄入土中，或用0.2%的磷酸二氢钾溶液用喷雾器喷施。每隔7天喷一次，共喷3~4次。5.打尖：为促进生根，当苗长高至15cm以上时，要剪去顶尖，使苗高保持在15cm左右，防止苗生长过高互相缠绕。6.炼苗：当扦插枝条生根成活后，在起苗前10天左右，要控制浇水，降低土壤含水量，并适当地揭开遮阳网或膜，加大光照强度，以提高苗的适应能力，为起苗作准备。

（七）起苗：根据苗的生长情况，一般在育苗60天后就可起苗移栽，要注意随起随栽，起苗前土壤要湿润，起苗时用锄头从厢的一段开始，避免损伤苗，起苗后要将苗分级，将分级后的种苗分别装在不同的塑料筐或竹筐中，放在阴凉处，避免日光照晒，并喷水保湿。若需长途运输，要做好苗的保湿和通风处理。

五、种植技术

（一）定植

1. 定植前苗准备：定植前应对何首乌扦插苗进行精选分级，剔除根损伤严重以及病虫害为害严重的苗，将生长良好一致的苗分在一起进行定植。去掉部分地上部叶片和枝条减少水分蒸发。将根部放在由生根粉和多菌灵混合成的水溶液中蘸湿。

2. 定植时间：何首乌定植时间要根据移栽地的气候条件和栽培制度确定，若移栽地具有适宜的光照、水分及温度条件均可移栽。春季移栽在早春进行，由于春季温度不是很高，水分蒸发也较少，何首乌成活率高；对于春旱而无灌溉条件的地区，可考虑夏季雨季来临时移栽；秋季移栽应在秋初进行，使何首乌在秋季度过返苗期，增强对冬季低温的抵抗能力。

3. 定植密度：何首乌定植时，在做好的厢面上种植两行，行距35cm，株距30cm，按穴种植，对于优级苗每穴 1~2 株，对于良级苗每穴 2~3 株。

4. 定植：定植时若土壤湿润，用小锄头开穴，将苗稍倾斜放入穴内，然后填土埋实，再盖一层松土即可；若土壤较干，可用大锄头开穴，然后穴中浇水，待水渗入穴中后，将苗稍倾斜放入穴内，填土埋实即可。

（二）田间管理

1. 浇水补苗：在定植后的半个月内，尤遇干旱时更应及时浇水，抗旱保苗。在雨季尚应注意排水，以防积水过多，根系生长不良，发现死亡缺株的则应及时补苗。

2. 中耕及除草：在何首乌返苗期可进行 1 次松土除草，松土时要注意何首乌藤蔓，避免除断藤蔓。若是搭架栽培，当何首乌上架后仍可进行中耕；若是贴地生长的何首乌，当何首乌藤蔓封厢后，只可手工拔除杂草，不能再进行中耕。除草主要方法有覆盖除草、物理除草。在定植何首乌后，通过覆盖一层黑色地膜，在地膜上面打个小孔，让何首乌苗伸出孔外生长，能起到较好的防草效果。

3. 搭架：当何首乌返苗成活后，可进行搭架，搭架材料可根据当地情况就地取材，可选择竹竿或树枝，搭架时可以搭成人字架或锥形架，当何首乌藤蔓长至 50cm 左右时，按逆时针方向将茎蔓缠绕到架上，也可用细线或其他绑扎物将茎蔓与架竿系在一起。

4. 打顶尖：若采用不搭架种植何首乌，需要经常打掉何首乌的顶尖，控制藤蔓生长，促进地下块根的膨大。有利于何首乌块根产量增加。

5. 合理施肥：①基肥：在定植前，定植地需施入足量有机肥或农家肥作为基肥，基肥以农家肥、饼肥为好，也可施入复混肥，每亩施入有机肥或农家肥 1000~1500kg，可采用撒施的方法进行，施后翻耕整地；若肥料不足，可在翻耕整地后进行，定植时按穴施入，每穴施入有机肥或农家肥 250~500g，也可施入氮磷钾三元复合肥，每穴 5~10g，并与穴土混匀，然后定植何首乌。②追肥：春栽何首乌第一年可在 6~7 月追肥一次，肥料以速效氮磷钾三元复合肥为主，第二年应在 4 月份左右追肥一次，肥料以速效磷钾二元复合肥为主。追肥时可采用穴施的方式，每亩施 20kg

左右。秋栽何首乌应在次年4月和第三年4月各追肥一次，肥料以速效氮磷钾三元复合肥为主。

6. 灌溉与排水：何首乌定植后返苗期需保持土壤湿润，若遇到干旱需及时灌溉，灌溉可采用喷灌或滴灌的方式进行。若没有灌水条件，定植后可覆盖一层稻草或松针等覆盖物，防止土壤水分蒸发。何首乌度过返苗期后，根系深入土壤，耐旱能力较强，一般不用灌溉，若遇长时间干旱可以适当去掉部分叶片，防止水分蒸发过多。何首乌块根怕积水，土壤水分过多，块根易腐烂，需要及时排水，排水时可以在厢沟开挖排水沟，排水沟一般要深30cm左右。

7. 越冬管理：何首乌为多年生植物，采挖一般需2—3年，冬天温度低，何首乌地上部分枯萎。此时可将何首乌地上部分割去，清洁田园。进行培土，防止温度过低发生冻害，也可覆盖厚厚的一层稻草或覆盖地膜保温。若定植地冬天温度不是很低，可以不采用保温措施，任其自然越冬。

六、病虫草害防控技术

（一）主要病害

1. 叶褐斑病

多在夏季多雨季节发生，先从叶尖或叶缘产生黄绿色小斑点，后扩大为圆形、椭圆形或不规则形的大型病斑。病斑呈红褐色，边缘有暗褐色坏死线。后期病斑中央变灰白色，在潮湿条件下出现浓黑色墨汁状小粒点（为病菌的分生孢子及分生孢子器）。嫩叶上的病斑无晕圈，病斑相互联合，甚至叶片大部分呈褐色枯斑。嫩梢发病变黑枯死，并向下发展，引起枝枯，也被称为褐斑病。

防治方法：及时清除植株病残体及杂草，并集中除害处理。使用生物源农药，如，苦参碱或四霉素可湿性粉剂1000倍液在发病初期喷雾2~3次，也可使用化学农药进行防治，如，氟硅唑（乳油1000×）、代森锰锌（可湿性粉剂500×）对何首乌叶褐斑病菌的抑制效果良好。

2. 根腐病

何首乌根腐病是何首乌生长期的主要病害之一，对其产量和品质有很大的影响。发病初期，地上茎叶不表现症状，只是须根变褐腐烂。随着根部腐烂程度的加剧，叶片逐渐变黄，地下病部逐渐向主根扩展。最后导致全根腐烂，植株自下而上逐渐萎蔫、枯死。多发生在夏秋季，种植地排水不良时发病较重。

防治方法：发病初期用1∶2∶250~300倍式波尔多液，或用50%多菌灵500倍液灌根。

3. 锈病

发病初期在叶背首先出现如针头状大小凸起的黄点，即为病菌的夏孢子堆，疱斑破裂后，散发出红锈色粉末，即病菌的夏孢子。夏孢子散生或聚生，病斑扩大后呈圆形或不规则形，略隆起，边缘不整齐，夏孢子堆一般散生或群生于叶背，呈黄褐色。夏孢子堆可在藤上、叶缘周围发生，但以叶背为主。后期发病部位长出黑色刺状冬孢子堆。发病严重时，病斑变黄、曲缩、破裂、穿孔，以致脱落，整个植株枯萎。发病率一般为30%~50%。

防治方法：发病初期喷0.3波美度石硫合剂，或25%粉锈宁可湿性粉剂 1500 倍液喷雾，每隔 7~10 天喷一次，连续喷 2~3 次。

4. 灰霉病

该病为害何首乌的叶片和嫩茎，初期多从叶尖向里形成"V"形病斑，病斑初呈水渍状，逐渐向叶内扩展，后期形成灰褐色病斑。病叶干枯后在湿度高时可产生灰褐色霉层。茎染病初期呈水渍状小点，后扩展为长椭圆形或长条形斑，病枝易折断，湿度大时也形成霉层。对何首乌的生长造成一定的影响。

防治方法：发病期间喷 50% 多菌灵可湿性粉剂 800~1000 倍液或 0.3 度波美度石硫合剂防治。

（二）主要虫害

1. 何首乌蚜虫

以成蚜和幼蚜在叶背面、嫩茎和嫩叶上吸食汁液，为害芽、嫩梢、嫩叶，吸食汁液引起嫩叶皱缩卷曲，新梢长势弱，还可诱发煤烟病。防治方法：发病期可选用 40% 乐果乳油 1500~2000 倍液，或 50% 杀螟松乳油 1000~2000 倍液，或 5% 来福灵乳油 2000~4000 倍喷雾，或 50% 辛硫磷乳油 1000~2000 倍喷雾；也可用天王星乳油 1000~2000 倍液，每隔 10~15 天喷雾 1 次，一般连续喷 2~3 次即可。

2. 叶甲

成虫和幼虫均取食植物的生长点和叶片。初龄幼虫咬食叶片成刻点状、网状、缺刻状，为害严重时将叶片咬成仅留叶脉，大发生时可将叶片全部吃光。受害植物很难恢复生长。

防治方法：利用叶甲成虫和幼虫的假死性，可进行人工直接捕杀。也可在为害初期采用 50% 辛硫磷 EC1500 倍液或 25% 甲氰·辛 2000 倍液或 2.5% 溴氰菊酯乳油 2500 倍液或 2.5% 敌杀死 1500 倍液或 2.8% 高效氟氯氰菊酯 2500 倍液喷雾，每隔 10~15 天喷雾 1 次，一般连续喷 2~3 次即可。

3. 红脊长蝽

成虫和幼虫群居于嫩茎、嫩芽、嫩叶和嫩荚等部位，刺吸汁液，刺吸处失绿、干燥、严重时导致枯萎，呈褐色斑点。5~9 月为成虫、幼虫的主要为害时期。严重时为害株率 20% 以上，叶片为害率 15% 以上。

防治方法：为害初期可用 90% 敌百虫或 3% 啶虫脒或生物农药阿维菌素进行防治。

4. 红蜘蛛

该虫以口器刺入叶片内吮吸汁液，使叶绿素受到破坏，叶片呈现灰黄点或斑块，叶片橘黄、脱落，严重者甚至落光。

防治方法：可喷施螨类专用药剂，如 20% 螨死净 2000~3000 倍液或 70% 克螨特 3000 倍液。

七、留种技术

（一）种子留种法

在秋季种子成熟时，选择生长健壮的何首乌植株，用剪刀将其整个果序轻轻剪下，在阳光下晒干或在 25℃ 下的通风干燥箱中烘干，然后搓去果皮，筛净，得到的种子贮藏在纸箱中，置于通风干燥处，贮藏期间要经常检查，防鼠害、霉变、虫蛀等。于次年春天进行播种。

（二）茎蔓留种法

选择生长健壮的何首乌植株，在生长期打顶，促进分枝产生，花期将花蕾全部摘除，减少植株营养消耗，促进枝条增粗，以供扦插用。供扦插用的枝条可以在当年秋冬季用剪刀剪成长 25cm 左右的茎段，然后按上下端分好，每 100 根捆成 1 把，让芽端朝上，埋于深 35cm 的湿沙中，来年春天扦插。也可在 6~8 月选择生长健壮无病虫害的茎蔓剪成长 20cm 的茎段，芽端向上，斜插于苗床育苗。

八、采收加工与贮藏技术

（一）采收

1.采收时间：春栽何首乌一般在次年 12 月进行采收，秋栽何首乌一般在第 3 年 12 月进行采收。经测产与检验，此时采收的何首乌产量及品质最好，符合国家药典规定，经济效益显著。

2.采收方法：（1）人工挖取，何首乌块根入土深，一般采用人工挖取的方法进行采收，在采挖之前一般先割掉何首乌茎蔓，采挖时可用锄头等工具将块根挖出，一般挖 30~50cm，人工挖取较费力费时。（2）机械挖取，在能够使用机械的地方种植的何首乌可采用机械挖取的方法进行，采挖时用机械将土壤翻耕，人只需在田中将何首乌块根捡起即可。机械挖取省时，但容易造成块根被掩埋，容易漏捡。

（二）产地初加工

挖出的何首乌块根，修去两端柴根，洗净，对个儿大的进行切块，然后晒干，若遇阴雨亦可烘干即得。

将干燥何首乌块根，按 40~50kg 打包装袋，用无毒无污染的材料包装。在包装前应检查是否充分干燥、有无杂质及其他异物，所用包装应符合药用包装标准，并在每件包装上注明品名、规格、等级、毛重、净重、产地、批号、执行标准、生产单位、包装日期及工号等，并应有质量合格的标志。

（三）贮藏

何首乌块根应贮存于干燥低温通风处，水分含量不得超过 10%。本品易生霉、虫蛀。采收时，若内部未充分干燥，在贮藏或运输中易感染霉菌，受潮后可见白色或绿色霉斑。贮藏前，还应严格入库质量检查，防止受潮或染霉品掺入；平时应保持环境干燥、整洁；定期检查，发现吸潮或初霉品时应及时通风晾晒。高温高湿季节可密封或抽氧充氮进行养护。

第八节　艾纳香

一、概述

艾纳香原植物为菊科植物艾纳香（*Blumea balsamifera*（L.）DC.）及假东风草（*Blumea riparia*（Bl.）DC.）。别名：大风艾、大艾、冰片艾、家风艾、大毛药等。以新鲜或干燥的地上部分入药者，则为艾纳香；其叶的粗升华物经压榨而得的艾纳香油，《贵州中药材、民族药材质量标准》予以收载。其中含有左旋龙脑（Ｌ－

Borneol），经提取加工制成的结晶，即为天然冰片（又名艾片），《中国药典》则予以收载。

艾纳香药用历史悠久，始载于宋代《开宝本草》，称其具去恶气、杀虫的功能，主腹冷泄痢。在明清时期，就已是知名药材。清代《生草药性备要》载云："祛风消肿，活血除湿。治跌打，敷酒风脚。"《岭南采药录》又载云："疗四肢骨痛。"艾纳香人工种植已有一百多年历史。艾纳香及艾纳香油在《贵州中药材、民族药材质量标准》（2003 年版）中均有收录。艾纳香味辛、微苦，性温，具有祛风除湿，温中止泻，活血解毒功能，用于风寒感冒，头风痛、风湿痹痛、寒湿泻痢、跌扑伤痛。艾纳香和艾纳香油，亦为贵州民族用药，艾纳香是贵州常用优质苗药，苗药名："Diangx vob hvid"（近似汉译音"档窝凯"）。味辣，性热，入冷经。具有祛风除湿、温中止泻、活血解毒功能；主治风寒感冒、头风痛、风湿痹痛、寒湿泻痢、毒蛇咬伤、跌仆伤痛等，还用于产后风痛、痛经、疮疖痈肿、湿疹、皮炎等症。艾纳香是贵州著名特色药材。

二、植物学特征

艾纳香为多年生木质草本，高 1~3m。根为宿根，能萌生新芽（茎）或新苗（根）进行无性繁殖。茎粗壮、直立、多分枝，茎皮灰褐色，有纵条棱，密被黄褐色柔毛，木质部松软，髓部白色。节间长 2~6cm，上部的节间较短。单叶互生，下部叶宽椭圆形或长圆状披针形，长 22~25cm，宽 8~10cm，基部渐狭，具柄，柄两侧有 3~5 对狭线形的附属物，顶端短尖或钝，边缘有细锯齿，上面被柔毛，下面被有褐色或黄白色密绢状棉毛，中脉在下面凸起，侧脉 10~15 对，弧状上升，不抵边缘，有不明显的网脉；上部叶片长圆状披针形或卵状披针形，长 7~12cm，宽 1.5~3.5cm，基部略尖，无柄或有短柄，柄的两侧常有 1~3 对狭线形的附属物，顶端渐尖，全缘，具细锯齿或羽状齿裂，侧脉斜向上，通常与中脉成锐角。头状花序多数，径 5~8cm，顶生或腋生，排列成开展具叶的大圆锥状花序；花序梗长 5~8cm，被黄褐色密柔毛；总苞钟形，长约 7cm，少长于花盘；总苞片约 4~6 层，草质，外层为长圆形，长 1.5~2.5cm，顶端钝或短尖，背面被密柔毛，中层线形，内层长于外层 4 倍；花托蜂窝状，径 2~3cm，无毛。花为黄色或橘黄色。花冠细管状，长约 6cm，檐部 2~4 齿裂，裂片无毛；分两性花和雌花，雌花多数，两性花少数，两性花与雌花几等长，管状，向上渐宽，檐部 5 齿裂，裂片为卵形，短尖，被短柔毛，雌蕊呈 2~4 裂伸出于管状花冠之上，雄蕊围生于雌蕊柱头之下，大部束聚于管状花管之内；显微镜观察花粉为圆球状，表面均匀分布小突瘤。瘦果为圆柱形，长约 1mm，具 5 条棱，密被柔毛，瘦果的端部有瘤状果脐，另一端带淡黄色 8 条羽状冠毛，冠毛淡褐色或淡白色，糙毛状，长 4~6mm。

三、生物学特性

（一）生长发育习性

1.物候期：艾纳香枝条顶梢幼叶越冬期不脱落并缓慢生长。越冬后，新芽一般于 2 月中下旬萌发，3 月开始抽梢，宿根隐芽长出新生根蘖苗，4月新梢生长加快，6月出现侧生分枝，7~9月为枝叶旺盛生长期，10月枝叶生长减缓，11月以后缓慢生长，进入花芽分化阶段，12月中旬主茎或分枝顶端出现圆球状花芽，12月底形成头状花序，多数，排列成大圆锥花序。次年2月下旬至3月上中旬现蕾，3月下旬至4月进入开花期，花期1个月有余，4月中旬至5月上旬为结实期，种子成熟随风飞离花盘。艾纳香生殖生长过程中，由于花序发生时间长，不同花序发育状态相差很大，存在蕾期、花期、种子生长和成熟期并存于同一植株的现象。从2月新芽萌发至次年5月种子成熟，艾纳香一个生育周期约15个月。其中从11月花芽分化至5月种子成熟，为生殖生长期，约6个月，从2月新芽萌发至11月枝叶停止生长，为营养生长期，约9个月。2~5月为本生育周期营养生长与上一生育周期的生殖生长重叠阶段。

2.种子特性：艾纳香种子极小，有羽状冠毛，可随风飘散。5~6月采收的种子当即播种发芽率低；有育性的种子在干燥条件下贮藏，生命力可维持1年以上。

3.新枝与根蘖苗发生：艾纳香为多年生植物，自然条件下，老枝越冬保持顶梢幼叶并缓慢生长，次年发芽产生新枝。而根系则产生新根蘖苗。栽培条件下，地上部分收获后留宿根，2月下旬起芽萌动，形成新枝或根蘖苗，在整个生长季节陆续有根蘖苗从水平根上萌发出土。人工种植中多用根蘖苗繁殖，4~5月根蘖苗高5~20cm，长出5~10叶时即可移栽。

（二）生态环境要求

艾纳香为热带和南亚热带植物，具有喜热、怕霜冻、趋阳、耐瘠、抗旱特性，适宜生长于温暖向阳的环境，温度范围是10℃~35℃，最适温度为25℃，能耐短暂0℃低温，但在有霜或霜冻地区不能越冬，因此冬季冷冻较重的地区不宜栽种。在贵州最适生长区年平均温度为18.60℃~20.35℃，最冷月平均气温为8.0℃~10.45℃，≥10℃年积温为5 750℃~6 500℃，无霜期为335~349.5天，年总日照数129.7~1 600小时。

艾纳香适宜生长区域海拔一般不高于1 000m，以海拔300~600m为最适。在贵州南部海拔450m以下地区，艾纳香地上部分茎叶能越冬，春季后恢复生长；在海拔500~750m地区，地上茎叶被冻死，地表以下的根茎以宿根方式成活，春后能萌生新芽（茎）或新苗（根）；在海拔750 m以上的黔中部以北区域不能越冬。

艾纳香对土壤要求不高，能耐旱、耐瘠薄，对立地条件要求不高，在难以绿化的荒坡地上也能生长，可利用荒坡隙地，开荒种植。但在土层深厚、疏松、肥沃、排水良好的夹沙土或壤土中生长较好，可形成大灌木丛。重黏土和涝洼地不利于艾纳香生长，土壤水分过多或积水易引起根腐烂。荫蔽环境下，植株生长细弱。因此，在栽培中以肥沃适中、排水良好、阳光充足的二荒地为佳。

四、繁殖方法

艾纳香繁殖方法有分株繁殖、实生苗繁殖和扦插繁殖三种，过去生产上以分株繁殖为主，现在分株繁殖和实生苗繁殖同时使用，扦插繁殖始终较少使用。

（一）分株繁殖

艾纳香生长过程中，其地下横走根上的隐芽可以萌发，长出幼苗（根蘖苗），每株 2~3 年生植株每年可长出 4~10 株根蘖苗，最多可达 20 株以上。生产上将老植株产生的根蘖苗作为幼苗使用，用分株法进行移栽定植，这种繁殖方法称为分株繁殖。一般情况下，每亩 2~3 年生艾纳香可分栽 5~8 亩。

1. 苗源地选择：选择种植 2~3 年，植株生长茂盛、整齐、病虫少、群体纯化率高、产艾粉率高的艾园取苗。

2. 苗质选择：从发生时间来分，艾纳香根蘖苗可分为上年秋季发生的秋生根蘖苗和当年春季发生的春生根蘖苗。未刈割的秋生根蘖苗，春季恢复生长后，较春生苗高大，但茎基老化，发新根能力弱，移栽成活率较低；春生根蘖苗是当年春从水平根上长出的，发新根能力强，移栽成活率高。春生根蘖苗又有两种苗质：近蔸苗，生长于水平根中部，靠近主干；远蔸苗，长于水平根末端处，离主干较远。由于水平根的水平生长特性，其中部很少有须根，而先端则下扎生长，须根较多。因此分株取苗后，近蔸苗只带一段无（少）须根的水平根；远蔸苗除了带有水平根以外，还带有向下生长的母根末端，须根较多，形似主根。因此，远蔸苗优于近蔸苗。

从发生部位来分，艾纳香根蘖苗可分为老桩苗和幼桩苗，老桩苗即由上年主茎（桩）地下部休眠芽点形成的桩上苗；幼桩苗即上年春夏发生的分生茎被刈割后，其残桩上芽点长出的桩上苗。老桩苗和幼桩苗都属于近蔸苗，分株移栽后成活率较低。

（二）实生苗繁殖

1. 种园设置：选择种植 2—3 年，植株生长茂盛、整齐、病虫少、群体纯化率高、产艾粉率高的艾园作为采种园，入冬后不刈割。

2. 采种：艾纳香种子一般于 4 月下旬至 5 月成熟，由于种子较小，又带有冠毛，极易随风飘落，因此种子即将成熟时，就应及时采收。采收时，根据花枝上不同花序内的种子发育进度分批采收，用剪刀将花序小心剪下，放入透气的布袋或尼龙网袋（网孔要小于 0.1mm，以防种子漏出），带回室内后成熟、脱粒，尽快播种或于 4℃下低温保存。艾纳香种子极小，可育种子比例较低，因此种子发芽率低；常温贮藏种子寿命较短，干燥条件下低温贮藏，生活力可维持 1 年以上。用于育苗的种子应充分成熟，籽粒饱满，近圆柱形，颜色深褐色，有光泽。

3. 苗床准备：最好用砂质壤土作苗床土，按蔬菜育苗法精耕细作，将土壤耕翻耙细后，作宽 1m 的高畦，浇透水，备用。

4. 播种育苗：将种子用温水浸泡 10~12 小时，捞除漂浮在水面的空瘪种子，将饱满种子与草木灰或草木灰与苗床土（2∶1）混合成的基质按 1∶50 的比例拌匀。均匀撒播在苗床上，每平方米床面撒播 20~50g 种子，然后覆盖细腐殖土 0.5~1cm，搭 0.5m 的小拱棚，覆薄膜保温保湿。

5. 幼苗管理：播种 15 天后，幼苗长至 2~3 片真叶时，苗间一次。然后按照白天揭膜夜晚覆膜的方法，炼苗 7~10 天，即先揭开拱棚两端的膜 2~3 天，再揭开两边的膜 4~5 天，再白天全部揭膜夜晚覆膜 2~3 天，最后昼夜全部揭膜。育苗期间，应加强管理，及时浇水、勤拔杂草、防治病虫害。

播种 30~40 天后，苗高 2~3cm，生长出 4~6 片真叶、5~7 条须根时，选择壮苗，取出，按 20~30cm 的行株距植于温室高畦。苗成活后勤除草、叶面追肥促其生长，次年 3~5 月移栽于大田。移栽幼苗分级：Ⅰ级苗高度在 10cm 以上、地径在 0.30cm 以上；Ⅱ级苗高度在 7~10cm、地径在 0.2~0.3cm；Ⅲ级苗高度在 7cm 以下、地径在 0.2cm 以下。

五、种植管理

（一）选地整地

1. 选地：艾纳香喜温暖、怕霜冻、趋阳、耐瘠、抗旱，适宜生长于温暖向阳的环境，其根系发达，横向水平根是重要的无性繁殖器官，水平延伸可达 1.5m 以上，因此应选择海拔 450m 以下地势高、易排水、向阳的缓坡地（＜25°），土壤以土层深厚、质地疏松、保水保肥力强、排灌方便的沙质壤土或含沙（砾石）的酸性或中性壤土为好，易积水的涝洼地、光热条件差的阴坡地和坡度太大（25°以上）的陡坡地不宜选用。

2. 整地：于冬季将土地深翻 20~30cm，清除残茬和杂草根芽，使其经冬风化。对于未开垦过的荒坡地或撂荒坡地，则先将灌木、荆丛、杂草砍除，同时将其根和其他杂物除净。再沿垂直于坡向的方向，以规划的定植行为中心，成环形带状耕翻土地，垦殖带宽1.5m，垦殖带间距 0.5~1m，相邻垦殖带之间不耕翻，保持自然植被，做水土流失防护带。

春季或移栽定植前 1 个月，再次翻耕，清除未尽树根、杂草，每亩地施充分腐熟厩肥或堆肥 1000~1500kg，整细耙平，开 1.5m 宽的平畦，四周开好排水沟即可。如是旱作平地或水作稻田地，应按深 30~40cm，宽 40~50cm 开畦沟，同时在定植地四周开深沟，沟深 40~60cm，宽 60cm。

（二）移栽定植

1. 起苗：实生繁殖时，起苗前 1 周停止浇水，进行抗旱锻炼，定植当天在育苗圃起苗，分级，剪去中下部叶片和过长的根，捆把（20~50 株 / 把）后运往大田。分株繁殖时，小面积种植，3 月下旬就可挖取已达移栽规格的小苗移栽。大面积种植最好在 4 月下旬至 5 月有大量成苗和进入雨季时取苗移栽。

取苗时，选择春生远菀苗，用锄或铲在根蘖苗与母株连接方向，分生苗两侧距离 10cm 处深挖，切断水平母根，挖取分生苗，减少对母根的翻动。取苗后按苗的大小分级，剪去中下部叶片和过长的根，扎把，远距离调苗时应用泥浆沾根。优质分生苗规格为5~10 叶，株高 5~20cm，根嫩白，带 10cm 以上母根，无病虫害。

2. 移栽定植：最好选阴天或雨后移栽定植，移栽前挖定植穴，穴长 30cm × 宽 30cm × 深 30cm。起苗后，一般应在 48 小时内栽下。行株距 1~1.5m × 0.5~1m，瘦坡地略密，肥地略稀，种植于坡地的，行向应垂直于坡向。栽植时，每穴定植 1 株，苗茎直立居中，根系伸展，覆土 4 cm 压实，上盖松土，浇定根水。

3. 抗旱栽植：艾纳香种植地区均是南部低热地区，春夏干旱严重，还伴随亢阳高温，且多在远水坡地上种植，无灌溉条件。采用抗旱移栽措施可减少死苗，即不用基肥特别是不用化肥作基肥，或基肥撒施，不用窝施；抢阴雨天移栽；将幼苗下部叶片去除，留顶部 3~4 叶，以减少蒸腾失水；深窝半坑盖，让根系深入下层潮土，穴上方留有凹面，有利于保蓄天然降水；苗源充足时，每穴植 2 株，确保成活，成活后定植 1 株。

（三）田间管理

1. 一年龄艾园管理

（1）查苗补苗：移栽后 7~10 天，检查幼苗成活情况，发现缺窝的应立即补栽。成活植株的上部心叶扩展，未成活植株则全株和心叶枯萎。苗源距离近时，6 月上旬以前均适合取苗补植。6 月下旬以前即使已成活的艾苗也会因病害或地下害虫为害而发生死苗。在无灌溉条件下，由于 6~7 月气温较高，往往补植效果较差，因此，此时发生的缺苗不必异地取苗补植，可于 10 月气温下降或次年用成活植株发生的根蘖苗，就地取苗补植更为经济。

（2）中耕除草：定植当年，艾苗成活后（5 月中旬至 6 月上旬），结合第一次追肥或随间作作物一起中耕除草，近株松窝，距植株 10~15cm 外深中耕，以利根系扩展。6 月下旬至 7 月上旬进入旺盛生长期前，进行第二次中耕除草，这时水平根已串根，应浅松浅锄，保留已发生的根蘖苗，以后视杂草发生情况，随时除草。第一年一般共除草 2~3 次，每次以松表土为宜，以免伤根。

（3）合理施肥：合理追肥，能大幅度提高艾纳香生物产量和改善有效成分含量。追肥应按前轻、中重、后补的原则，全年可结合中耕追肥2~3次。第一次为促使新根早生快发，应提高速效氮肥的比例，可用复合肥+尿素或饼肥+尿素按4∶1混合，追肥12~15kg/亩；第二次已进入艾苗旺长期，追肥宜重，为不影响有效成分含量，应适当降低氮素比例，一般可每亩窝追复合肥或饼肥l0~20kg：第三次根据植株长势看苗施肥，补充后劲，此时因已进入生长后期，应以速效氮为主，少量补追，即在8月下旬至9月中旬，每亩施尿素3~5kg。追肥时用点施或环施法，离植株8~10cm，结合中耕，覆土翻入土层，也可进行叶面追肥，其他农家肥（如圈肥、火土灰、油枯、土杂肥）亦可结合施用，每亩施用厩肥1500kg。艾叶收获后，入冬前，应重施农家肥，每亩2500kg，以促进新根发生和来年茎叶生长。

2.二年龄以上艾园管理。二年以上的艾园，单株和群体的生长发育较定植第一年不同，不仅生长繁茂，而且根蘖苗也大量发生，因此，管理方式也与第一年有异。

（1）第一次管理：2月下旬至3月中旬，主桩侧生幼芽萌发时进行一次全田以除草为主的浅中耕，松耕不能太深，以免伤及已成网状的水平根，保留已出土的根生苗。对主桩追肥一次，用肥种类和比例与第一年相同，施肥量可增加1/3~2/3。

（2）第二次管理：5月下旬至6月中旬，植株和群体生长加快，田间根蘖苗分布较多，甚至行间，在进行以除草为主的浅中耕时，可对根蘖苗进行一次间苗，按照留壮去弱、留疏去密的原则，让根蘖苗的分布疏密有致。间掉的幼苗可作为新园的苗源进行定植。间苗后追肥一次，施肥量较第一年增加 1/2，对主桩进行重点窝施，对根蘖苗辅助撒施，中耕混入土层。

（3）第三次管理：于 8 月下旬至 9 月上旬进行，管理方法与第二次相同。因多年生艾园生长时间早且长，生长量也大，因此，应该重视第三次管理。铲除后发幼小根蘖苗后，应视母株和幼苗长势确定补（追）肥量，一般较第一年加量。

（四）艾园更新

艾纳香种植第 3 年，艾叶产量进入高峰期，之后逐年衰退，5—6 年以后需要全园更新，在管理水平较高时，更新年限可推迟。

1.传统更新法：第 5—6 年，全园挖除原有老化植株，重新耕翻整地后，栽植新苗。

2.改良更新法：由于传统更新法前后有 2—3 年的产量低谷，采用改良更新法可减小产量波动。即更新前一年，在定植行两侧 10~13cm 处，结合中耕深挖切断行间分生苗与母桩的根系联系，促使分生苗自发新根，同时对行间根蘖苗进行疏苗（去弱留壮，间密护疏）。更新当年耕翻老桩行去掉老桩和行上分生苗，在原老桩行间形成由上年根蘖苗组成的新株行。同时在翻挖后的条带上追施化肥（复合肥+尿素4∶1混合），每亩15~20kg，清理整平，促使新苗快速生长，并向翻挖带延伸新根。

六、病虫草害防控技术

艾纳香常见病害有 10 余种，主要的有根（茎）腐病、斑枯病、红点病、霜霉病、灰斑病；常见虫害有 40 余种，主要害虫为斜纹夜蛾、蛀心虫、细胸金针虫、银纹夜蛾、红螨、艾枝尺蠖、跗粗角萤叶甲、艾小长管蚜 8 种，易暴发成灾。对艾纳香病虫害，应采取综合防治的措施。

（一）根腐病

1.病原菌与症状：病原为 Fusarium sp.，属真菌半知菌镰刀菌属，为害根部。患病植株地上部枝叶萎缩，拔出可见根部变腐烂，有的黑腐，有的腐烂并伴有白色菌丝索。发病严重时，病株干枯死亡。4~5 月刚移栽幼苗受害重，尤其是用上一年秋、冬发生的根蘖苗进行分株移栽的幼苗最为多见，当年春季发生的根蘖苗发生较少。病菌从根部侵入后，沿维管束扩展至全株。病根初呈黄褐色，后期根茎变软皱缩，横切病根，维管束褐色，病害扩展到主根，发病株根部发黑腐烂，基茎部皮层水浸状坏死，致使地上部分凋萎枯死。涝害和地下害虫为害可加重该病发生，连作地、土壤黏重或多雨年份易发病，植株生长衰弱的地块发病重。

2.发病特点：病菌在土壤中越冬，艾根亦能带病传播，病菌遇到艾根时，主要从虫伤口、机械伤口侵入，亦能直接侵入。多在 4 月下旬至 5 月上旬发病，气温在 16℃~17℃时开始发病，22℃~28℃时发病最适宜，土壤湿度大、雨水多，发病相对严重。

3.防治方法：（1）选用健康的当年春苗移栽时，注意肥水管理，雨季应即时疏通排水沟，以免积水。（2）对地下害虫如金针虫等进行防治。（3）发病期选用 50% 多菌灵 500 倍液等药剂灌根窝。

（二）斑枯病

1.病原菌与症状：病原菌为 *Ascochyta sp.*，属真菌半知菌壳二孢属，主要为害叶片。发病初期叶片呈大小不同的紫色或黑褐色多角形或不规则斑点，以后逐渐扩大，后期病斑中心灰白色，病部密生小黑点（分生孢子器），若多个病斑密集会造成全叶黑枯死；若叶部以主脉受害则很快造成全叶黑枯死，其他部位受害造成大小不等的黑褐色病斑；叶柄受害呈黑色，通常造成全叶枯死，变黑，提早脱落。每年5~11月均有发生，但以9~10月较为严重，可造成叶片大量枯死。叶型不同的单株上发病程度亦有差异（抗病性不同），植株生长不良者容易发病。

2.发病特点：病菌以菌丝或分生孢子器在病叶残体上越冬，次年产生分生孢子，靠风雨传播。先侵害艾株下部叶片，每年4~5月初发病，6~8月为发病盛期，9月后大量叶片枯死，可至植株中上部的杈状分枝以上。发病轻重与环境湿度成正比，重茬地和生长不良的地块发病宜重。

3.防治方法：（1）加强栽培管理，良好的栽培措施可有效减轻病害。（2）生长季节早期（6月前）发现枯叶植株要及时摘除，6月后让枯叶保留在植株枝条上，待收获期收获枯叶加工艾粉。（3）良好的栽培措施一般能控制其为害，通常不必施药防治。若发生量多，可在发病初期用1∶1∶100波尔多液，或75%百菌清可湿性粉剂600倍液，或65%代森锌可湿性粉剂500倍液，或64%杀毒可湿性粉剂400~500倍液等药剂喷施。每7天喷1次，连续2~3次即可。

（三）红点病

1.病原菌与症状：病原菌为 *Phyllasticta sp.*，属半知菌孢霉属。为害艾叶，一般自叶尖开始，逐步扩展，严重时可占叶面面积的二分之一。叶片发病初期，患病叶片正面出现直径 1~2mm 呈圆形的暗红色病斑，病斑中心红褐色，边缘有黄色晕，病斑近圆形或不规则形，背面病斑色泽较正面病斑淡，有的具白色蜡质于斑点周围。后病斑直径逐渐扩大至 5mm 的暗红色病斑，病斑上有较明显的轮纹，潮湿条件下，病斑正面散生细小黑点，叶背产生黑绿色绒状霉层，有的病斑中心出现穿孔。病害严重时，病斑密布全叶，造成叶早枯死。在早死枯叶上也可见红色斑点。每年 6 月始发病，9~10月较严重，10 月以后减缓。

2.发病特点：病菌以菌丝体或分生孢子在病株残体上越冬，亦能在收获艾枝叶时，遗留在田间的肉质根上腐生越冬。次年 5 月产生分生孢子，从叶尖开始侵染，6 月中下旬植株叶片上出现明显的红点症状。条件适宜时，病部产生分生孢子，靠风雨传播，反复侵染，伤口利于病菌侵入，6~8 月为发病高峰，湿度越大，发病越重。

3.防治方法：加强田间管理，及时施肥。

（四）病毒病

1.病原菌与症状：由病毒感染引起，主要为害叶片。其症状表现为病叶扭曲畸变并有向下卷曲趋向，叶组织皱缩不平增厚呈花叶状，或呈浓、淡绿色不均匀的斑驳花叶状。该病害通过虫媒、摩擦等方式传播，蚜虫、叶蝉等是该病虫媒。每年 6~10 月均有发生。

2.防治方法：（1）对病枝及时清除，防止病原体向其他部位转移、扩散。（2）防治介体昆虫，及早喷药除虫控病。（3）必须施药时可选用20%病毒A可湿性粉剂400~500倍液，或1.5%植病灵乳剂1000倍液，或抗毒丰（0.5%菇类蛋白多糖水剂）300倍液等药剂喷施。

（五）蛀心虫

1.形态特征：蛀心虫为鞘翅目螟蛾科。（1）成虫体长7mm，翅展15mm，呈灰褐色；前翅具3条白色横波纹，中部有一深褐色肾形斑，镶有白边；后翅灰白色。（2）卵长约0.3mm，呈椭圆形、扁平状，表面有不规则网纹，初产为淡黄色，以后渐现红色斑点，孵化前橙黄色。（3）老熟幼虫体长12~14mm，头部呈黑色，胴部呈淡黄色，前胸背板黄褐色，体背有不明显的灰褐色皱纹，各节生有毛瘤，中、后胸各6对，腹各节前排8个，后排2个。（4）蛹体长约7mm，呈黄褐色，翅芽长达第四腹节后缘，腹部背面5条纵线隐约可见，腹部末端生长刺2对，中央1对略短，末端略弯曲。

2.生活习性：贵州南部一年8~9代，以老熟幼虫在地面吐丝缀合土粒，枯叶做成丝囊越冬，少数以蛹越冬。翌春越冬幼虫入土6~10cm深作茧化蛹。成虫趋光性不强，飞行力弱，卵多散产于艾叶梢嫩叶上，每只雌虫可产200粒左右。卵发育期2~5天，初孵化幼虫潜叶为害，隧道宽短；2龄后穿出叶面；3龄叶丝缀合心叶，在内取食，使心叶枯死并且不能再抽出心叶；4~5龄可由心叶或叶柄蛀入茎髓或根部，蛀孔显著，孔外缀有细丝，并有排出的潮湿虫粪。受害苗死或叶柄腐烂。幼虫可转株为害4~5株，幼虫5

龄老熟，在艾纳香根附近土中化蛹，5~6 月和 10~11 月是为害高峰，受害率达 90% 以上，湿热条件下为害严重。

3. 为害特点：幼虫是钻蛀性害虫，蛀食艾纳香心叶和嫩茎呈孔洞或缺刻，在受害心叶处常有虫粪和为害形成的绒丝状物，成虫取食嫩梢，受害心叶茎生长点被破坏而停止生长，或造成折梢、萎蔫，严重时全株枯死，而造成缺苗断垄，该虫有两个为害盛期，即 5 月下旬至 6 月上旬、8 月下旬至 9 月上旬，以前者为重。

4. 防治方法：（1）于 5~7 月进行捕杀成虫，加强栽培管理，利用艾纳香速生性可有效减轻为害。（2）5 月下旬至 6 月初，虫口密度大时（虫口密度达百穴 90 头以上）可选用 50% 杀螟松乳油，或 90% 敌百虫，或 25% 杀虫双水剂 200~250 倍液等喷施防治；8 月下旬至 9 月上旬为害时，此时接近艾纳香收获期，可不必喷施药剂。

（六）跗粗角叶甲

1. 形态特征：（1）成虫体长 5.4~6.0mm，宽 2.5~3mm，呈黄褐色；触角有 11 节，呈黑色，头顶及前胸背板中部各具 1 条黑色条斑，腹部各节基半部呈黑色，头顶具中沟及较粗的刻点；额瘤长言形，在其之后为较密集的粗刻点，触角达鞘翅基部，前胸背板宽为长的 2 倍，侧缘具发达的边框，鞘翅基部窄，中间之后变宽，肩角凸出，足的腿节粗大，具刻点及网纹。（2）幼虫胸足不发达，体背具有 1 条黑纹，腹背两侧各有 8 个黑腺点，其下为 8 个瘤突并生有短绒毛，身体其他部位有不规则的瘤突。

2. 生活习性：在贵州南部地区年发生 4~5 代，以成虫在艾纳香根际及土缝等处越冬，翌年4月下旬成虫开始活动，然后产卵。幼虫4龄，取食艾纳香叶片叶肉，常残留叶脉和上表皮，成虫取食则只留叶脉和叶柄，虫孔周线不齐，严重时艾株无完整叶片。被害叶片枯黄脱落，影响光合作用，导致植株生长不良，6~8月为害严重。

3. 为害特点：以成虫与幼虫食艾纳香叶呈孔洞或缺刻，为害严重时仅剩叶脉和叶柄。重者可导致艾纳香植株死亡。

4. 防治方法：（1）越冬前清除田间残枝落叶，并进行冬灌处理，以达到防治目的。（2）在5~6月越冬虫口密度较大或在发生盛期时，选用90%敌百虫晶体1000倍液，或20%溴氰菊酯2000~3000倍液，或20%速灭杀丁3000倍液喷雾，防治2~3次。

（七）斜纹夜蛾

1. 形态特征：（1）成虫体长14~20mm，翅展有35~40mm，头、胸、腹均为深褐色，胸部背面有白色丛毛，腹部前数节背面中央具有暗褐色丛毛。前翅呈灰褐色，斑纹复杂，内横线及外横线呈灰白色、波浪形，中间有白色条纹，在环状与肾状纹间，自前缘向后缘外方有3条白色斜线。后翅为白色，无斑纹，前后翅常有水红色至紫红色闪光。（2）卵扁半球形，直径0.4~0.5mm，初产为黄白色，后转淡绿，孵化前呈紫黑色，卵粒集结成3~4层的卵块，外覆灰黄色疏松的绒毛。（3）幼虫体长35~47mm，头部呈黑褐色，胴部为青黄色或暗绿色，背线、亚背线及气门下线均为灰黄色及橙黄色。从中胸至第9腹节在亚背线内侧有三角形黑斑1对，其中以第1、7、8腹节的最大，胸足近黑色，腹足是暗褐色。

（4）蛹长 15~20mm，呈赭红色，腹部背面第 4 节至第 7 节近前缘处各有一个小刻点，臀棘短，有一对强大而弯曲的刺，刺的基部分开。

2. 生活习性：可终年繁殖，无越冬期，卵多产于茂密艾纳香植株上，以植株中部叶片、背面叶脉分叉处最多。初孵幼虫群集取食，3 龄前仅食叶肉，残留上表皮及叶脉，呈白纱状后转黄，4 龄后进入暴食期，多在夜晚为害，食尽整张叶片。幼虫共 6 龄，老熟幼虫在 1~3mm 表土内作茧化蛹，土壤板结则在植株枝叶下化蛹，为害严重期皆在 6~10 月。

3. 为害特点：幼虫食叶、花蕾及花，严重时可将全株艾叶食光。

4. 防治方法：（1）诱杀成虫，可采用黑光灯或糖醋盆等诱杀成虫。（2）3 龄前为点片发生阶段，可结合田间管理进行挑治，不必全田喷药；4 龄后夜出活动，施药应在傍晚前后进行。可选用 15% 菜虫净乳油 1500 倍液，或 10% 吡虫啉可湿性粉剂 2500 倍液，或 5% 来福灵乳油 2000 倍液等喷施。

（八）银纹夜蛾

1. 形态特征：（1）成虫体长 12~17mm，翅展有 32mm，体呈灰褐色，前翅为深褐色，有 2 条银色横纹，翅中有一条显著的 U 形银纹和一个近三角形银斑；后翅为暗褐色，有金属光泽。（2）卵半球形，长约 0.5mm，呈白色至淡黄绿色、表面具网纹。（3）幼虫体长约 30mm，呈淡绿色，虫体前端较细，后端较粗、头部呈绿色，两侧有黑斑；胸足及腹足皆为绿色，第 1、2 对腹足退化，行走时体背拱曲，体背有纵行的白色细线6条位于背中线两侧，体侧具白色纵纹。（4）蛹长约18mm，初期背面为褐色，腹面为绿色，末期整体呈黑褐色，茧薄。

2.生活习性：在贵州一年可产6代，以蛹越冬。成虫夜间活动，有趋光性，卵产于叶背面，单产，初孵幼虫在叶背取食叶肉，残留在表皮，大龄幼虫则取食全叶及嫩尖，有假死性，幼虫成熟后，在叶背结茧化蛹越冬。

3.为害特点：以幼虫嚼食艾纳香叶片或孔洞缺刻，排泄物污染寄主。

4.防治方法：与斜纹夜蛾相同。

（九）艾小长管蚜

1.形态特征：无翅孤雌蚜，体卵呈圆形，长3.35mm，宽1.66mm。活时体为绿色，被白粉。玻片标本：头及前胸为黑色，胸、腹部为淡色，腹节Ⅷ有淡褐色横带横贯全节。触角、喙、足、腹管、尾片、尾板、生殖板均为黑色，体表光滑，腹节Ⅷ背面有微瓦纹。气门为圆形，关闭，气门片为淡褐色。节间斑不显，中胸腹叉有长柄，体背毛尖顶，头背有毛12根，前胸中、侧、缘毛各1对，腹节Ⅷ有毛5~9根；头顶毛长为触角节Ⅲ直径的1.6倍，腹节Ⅰ毛长为其1.3倍，腹节Ⅷ毛长为其1.9倍。中额不隆，额瘤隆起。触角长3.16mm，为体长的0.94倍；各节有瓦纹；节Ⅲ长0.71mm，有毛20~24根，毛长为该节直径的0.94倍，基部有小圆形次生感觉圈4~6个。喙达后足基节，节Ⅳ+Ⅴ为长尖锥形，长0.18mm，为后跗节Ⅱ的0.97，有毛5~6对。足股节有瓦纹，胫节光滑，后股节长为触角节Ⅲ的 1.5 倍；后胫节为体长的 0.59 倍，毛长为该节直径的 1.2 倍。腹管呈管状，端部 3/5 有网纹，无缘突，长 0.44mm，为尾片的 0.81 倍。尾片为长锥形，在基部 2/5 处收缩，由小刺突组成瓦纹，有毛 26~29 根。尾板末端为圆形，有毛 18~21 根，生殖板有毛 14~19 根。

2. 生活习性：以若虫在艾纳香植株上越冬，一年能产 10~12 代，春夏聚集新梢、新叶、花蕾和小花上，主要为害嫩枝，吸取汁液，使叶片卷曲皱缩，影响艾纳香产量。

3. 为害特点：为害艾纳香嫩枝和花枝，干旱时多发生。发生时先集聚在上部幼嫩茎叶，吸食汁液，造成叶片卷缩，茎芽畸形停止生长，叶片变黄而干枯。

4. 防治方法：（1）春季松土、除草，消灭迁移蚜虫并清理蚜虫产生的环境。（2）蚜虫暴发时可选用 40% 乐果乳剂 2 000 倍液或 10% 吡虫啉 3 000 倍液喷施。

（十）小地老虎（土蚕）

1. 为害特点：在幼苗期以幼虫取食为害，咬断艾纳香幼苗。造成缺苗断垄乃至毁种。

2. 防治方法：（1）清除杂草，保持苗圃干净。（2）清晨日出之前检查，发现新被害苗附近地面上有小孔，立即挖土捕杀幼虫。（3）堆草诱杀，在苗圃堆放用 6% 敌百虫粉拌过的新鲜杂草，草药比例50：1，诱杀小地老虎。

七、留种技术

艾纳香种子一般于 4 月下旬至 5 月成熟，应根据花枝上不同花序内的种子发育进度分批采收，用剪刀将花序剪下，脱粒，尽快播种或置于 4℃以下的低温保存。艾纳香种子极小，可育种子比例较低，因此种子发芽率低；常温贮藏种子寿命较短，干燥条件下低温贮藏，生活力可维持一年以上。

八、加工技术

（一）叶片采收

夏秋采收叶片、嫩茎，鲜用或阴干药用。提取艾粉的叶片一般于秋季采收。秋季当叶片呈黄绿色时即可采摘。采收时间不宜太早，否则艾粉收获率低，10 月底至次年 2 月上旬均可采收，主产区罗甸一般于 11 月上旬至次年 1 月上旬采收，边采收边提取艾粉。采收时宜选晴天早上或傍晚进行，最好分期分批采收，最后将嫩枝梢用镰刀割下（15cm 左右），也可一次性采收，摘下成熟叶片，割下嫩枝。如远距离工厂化加工，可离地面留桩 50cm 砍下带叶茎秆，靠于桩上，晾晒至七、八成干（2~5 天，尚软）即可将叶片和顶梢从茎秆上割下，用加压机压缩，打包运输。生长期间若有落叶，可在晴天上午露水未干时，收集受潮软化的枯、落叶，干燥后，待到正式采收期一起加工。

收获后，应离地留桩 10cm 砍除茎秆，使砍口倾斜平顺，减少病菌感染。对不能加工艾粉的茎秆进行晒干，可作蒸馏艾粉的补充燃料。

茎叶采收后，应对艾园清桩、清地、去除残枝嫩叶和杂草，并浅松土施肥（最好是有机肥）一次，以减少次年病虫发生，为来年的幼苗健壮萌生创造条件。

（二）艾粉提取

1. 传统提取法

（1）加工场地：有水源的溪流、河边或井旁，水源最好是有落差的自流水。

（2）器具：地锅 1 口（直径 75cm，无耳铸铁锅）、天锅 1 口或 2 口（直径 65cm，有耳铸铁锅，使用前砂磨锅底，去除铁锈）、木甑（下口直径 63cm，上口直径 60cm，高 100cm）、水桶水瓢或塑料换水管 2 根（2 分管）、木塞（可塞入 2 分管，长 10cm，中部 5cm 处至一端削成斜面）、绑绳 2 根（长 20cm）、竹编甑底（直径 60cm）、布条 2 根（长 >2.5m，宽 >0.2 m）、橡胶箍圈（直径略小于甑上口直径，用车轮废内胎割取）、灶（也可以就地挖土灶）、架天锅的三角桩、铁或竹刮刀（刀刃略成凹弧形）、收粉用瓷盘（直径 >20cm）、装料和除废渣用的箩筐、双齿铁钩或钉耙、盛粉用瓷罐或锌皮桶。

（3）燃料：最好用燃煤，如用木柴应根据艾叶加工量决定用柴量（一般从生火到甑底水煮沸需木柴 7.5kg，每蒸馏一甑约需木柴 6kg）。亦可用收获后的艾纳香茎秆，以解决其 1/3~1/2 的燃料。

（4）安装：加工量小，可利用家用灶或近水源挖简易土灶，放上地锅甑底，安上木甑，甑与地锅交接处用布条或土密封，以免漏气。加工量大时需降低木甑上口的高度，以减小劳动强度。方法是在近水源处选大于 90cm 高土坎，在土坎上方按地锅直径下挖 50~60cm，再缩小直径 10~20cm，在坑底部中间下挖 30~40cm 作火膛。将地锅放入，安上甑底和木甑（大口朝下），填土密封。木甑上口高出地面 30~40cm。在距灶一侧 1m 留堆放原料艾叶的场地，另一侧 1m 处用木棍三根扎入地下做成倒扣天锅用的三角桩，以方便进出料和收粉操作。将塑料进水管一端与水源连接，另一端定置于天锅上方，出水管一端置于天锅上方，另一端置于地势较低处。

（5）加工操作：将地锅加水至离锅沿 3~4cm，生火将水煮沸后装料，将晾晒至半干的叶片和嫩枝略加水湿润，装进木甑内。先把嫩枝放入，再放叶片，用手压紧踏实，呈中间低、周围高之状。装料距离甑口 5~10cm，不要装满，每甑每次可装料 20kg 左右。

装料完毕，将胶箍套于甑口下，再将天锅平放于甑上口，锅内装冷水，用布条缠紧天锅与甑口连接处，将胶箍翻上箍紧布条。蒸馏过程中最好用流水对天锅内的水降温冷却，将进水管和出水管用绳绑固于天锅双耳上，进水管口插于锅底，出水管口浮固于水面下 2~3cm 处，使冷水注入锅底，上层热水通过虹吸作用被吸出，形成冷热水更换。按出水管口径准备的削有斜口的木塞，塞于出水管口，通过拉出或塞进调节出水量，达到进出水量的平衡，在流动状态下水面稳定在天锅上沿以下 2~3cm 处。如没有自流水可用人工换水，即水温达 45℃以上就用水瓢将水舀出，再加入冷水，加工一甑换水 3~4 次，流水冷却法比分次换水冷却法的艾粉提取率高。

每甑从置放天锅起，需 1 小时完成蒸馏。将胶箍下翻套在甑口下，去掉布条，将天锅水排尽，取下天锅，倒扣于三角桩上，置放 10 分钟，待水汽稍干后刮粉，每锅可收艾粉 200~400g。这时可从木甑中除去废渣，检查锅底水量后，换上新料，放置另一口天锅，重复以上操作进行下一甑的蒸馏。下一甑装毕，开始蒸馏时，可对上一甑取下的天锅进行收粉，即将天锅上黄白色结晶物用刮刀刮下，盛于瓷盘中，即为初加工产品（艾粉）。

（6）加工后处理：每年一度的初加工结束后，将铁锅、木甑和布条拆除、洗净、晾干，铁锅应上油（食用油），防止生锈，放置于干燥清洁处，以备下次加工使用。艾粉加工的大量残渣经高温蒸煮后可作为栽培食用菌的理想原料，也可沤制成有机肥，应充分利用。

（7）现代设备提取法：应用蒸馏塔、冷凝塔等现代有关设备进行工厂化艾粉提制，要求加工厂建在环境清洁无污染，交通便利，场地开阔的地方。加工厂应设有艾粉提取车间、艾片提炼车间、产品仓库、质量检测室，还应有艾叶计量和晾晒场地、残渣回收和处理等辅助设施。

艾粉提取生产线主要由锅炉（以煤或电做能源）、蒸馏塔、冷凝塔等核心设施组成。锅炉产生和供应蒸汽，蒸馏塔装储艾叶，接收锅炉供应的蒸汽，对艾叶进行蒸馏，冷凝塔将来自蒸馏塔的混合蒸汽冷却，根据各组分冷凝和结晶温度的不同，将艾叶粗提物和水蒸气进行分离。每条生产线的加工能力由锅炉、蒸馏塔和冷凝塔的大小决定，根据加工设计需要配置。

第九节 金（山）银花

一、概述

金银花系指忍冬科（Caprifoliaceae）忍冬属（Lonicera Linn.）的多种藤本植物，以其干燥花蕾或带初开的花入药，味甘、性寒，归肺、心、胃经，具有清热解毒、疏散风热功能，用于治疗痈肿疔疮、喉痹、丹毒、热毒血痢、风热感冒、温热发病。其藤（忍冬藤）亦作药用。金银花是一种具有悠久历史的常用中药，始载于《名医别录》，并被其列为上品，云："味甘，温，无毒。主治寒热，身肿。久服轻身，长年，益寿。"其后，诸家本草多予收录。金银花又为常用苗药，苗药名——"Bangx jab hxangd"（近似汉译音"比加枪"），性冷、味涩，入热经、快经、半边经药。具有清热解毒、凉散风热功能。主治痈肿疮毒、热血毒痢、喉痹丹毒、风热感冒、温病发热等。金银花还是贵州布依族及土家族的常用民族药。

全球有约 200 种忍冬属植物，我国有 98 种，广泛分布于全国各省区，其中以西南地区种类最多。贵州从 20 世纪 60 年代开始金（山）银花的人工种植，现已成为我国金银花的生产大省之一，尤其以黄褐毛忍冬 (Lonicera fulvotomentosa Hsu et S.C.Cheng) 和灰毡毛忍冬 (Lonicera macranthoides Hand.–Mazz.) 的种植面积最大。

黔西南的安龙、兴义、兴仁、贞丰等地是黄褐毛忍冬的主要产区，黔北绥阳、道真、务川、正安等地是灰毡毛忍冬的主产区，两种金（山）银花在贵州境内的种植历史较长，基础较好，产业链较稳定，地方政府支持力度较大，农户种植积极性高，产业化优势明显。金银花既为中医临床常用中药，也为贵州常用民族药，还可以用来改善喀斯特地貌，特具生态效益、助农增收效益与经济效益的著名特色药材。现结合贵州实际，以灰毡毛忍冬和黄褐毛忍冬为重点，对这两种金（山）银花种植加工实用技术进行介绍。

二、植物学特征

灰毡毛忍冬：木质藤本，幼枝密被柔毛，老枝棕褐色，呈条状剥离，有的被硬毛，中空，外皮易脱落。叶对生，初时两面有毛，后则背面无毛。叶革质，呈卵状披针形至宽披针形，长 5~14cm，背面被短糙毛组成灰白色或灰黄色毡毛，微有黄色小腺毛，网脉凸起呈网格状，脉上被糙毛，花序生于小枝顶端及叶腋；总花梗具短糙毛；苞片被毛，花冠长 3.5~4.5cm，先白色后呈黄色，连同萼齿外面均被倒生糙状伏毛和黄色腺毛，萼筒无毛或有时上半部或全部有毛。萼齿长三角形，外面和边缘均被短糙毛。花蕾呈棒状而稍弯曲，长 3~4cm，上部直径约 2mm，下部直径约 1mm，表面呈绿棕色至黄白色。总花梗集结成簇，开放者花冠裂片不及全长之半。质稍硬，手捏稍有弹性，气清香，味微苦甘。花成对腋生，花蕾密集，可达 50 个花蕾左右，花蕾初期为绿色，后变为黄色。在贵州黔北一带的花期为 6~9 月，果期为 10~11 月。

黄褐毛忍冬：常绿木质藤本，幼枝、叶柄、叶背面、总花梗、苞片、小苞片或萼齿均密被开展或弯曲的黄褐色毡毛状糙毛，幼枝和叶两面还散生橘红色短腺毛。冬芽具 4 对鳞片。叶纸质，呈卵状短圆形至矩圆状披针形，长 3~14cm，宽 1~2.5cm，先端渐尖，基部圆形、浅心形或近截形，上面疏生短糙伏毛，中脉上毛较密；叶柄长5~7cm。双花排成腋生或顶生的短总状花序，花序梗长达 1cm；总花梗花长约 2cm，下托有小形叶 1 对，苞片钻形，长 5~7cm；小苞片卵形至条状披针形，长为萼筒的 1/2；萼筒呈卵状椭圆形，长约2cm，无毛，萼齿为条状披针形，长 2~3cm；花冠先呈白色后变黄色，长 3~3.5cm，唇形，筒略短于唇瓣，外面密铺黄褐色的倒伏毛和开展的短腺毛，上唇裂片为长圆形，长约 8mm，下唇长约 1.8cm；雄蕊和花柱均高于花冠；柱头近圆形，直径约 1mm。子房无毛，呈绿色，3 室，每室有胚珠 2~6 个。花枝长 34~173cm，果幼时为绿色，成熟时为黑色，呈卵形或卵圆形，直径 7~8mm，种子呈扁椭圆形、褐色，长约 3mm，宽 1.5~2mm，有纵沟 2 条，具光泽和脑状纹饰。在贵州黔西南一带黄褐毛忍冬的花期为 5~7（~11）月，果期为 10~11 月至翌年 1 月。

三、生物学特性

（一）生长发育习性

1. 器官生成与生长规律

（1）根

金银花实生苗的侧根非常发达，主根不明显。扦插苗的须根系庞大，没有主根。扦插苗的新根，首先从茎节处生出，数量居多，而节间和愈合组织处生根却较少。一年生灰毡毛忍冬枝条扦插，

3~4 天即可生根；2—3 年生结果母枝扦插，生根时间较长，需
6~7 天。其差别来源自种条皮层的幼嫩程度。一年生枝的皮层分生
细胞活跃，易形成根源基。其生根量是：一年生枝条生根量 <2 年
生枝条生根量 <3 年生枝条生根量；一年生徒长枝生根量 < 一年生
果枝生根量。生根量随着发育成熟度、种条粗度和年龄增大而增
多。生根多则生长旺盛，结蕾早，易丰产。根系生长，一年里有 2
次高峰期，第一次在 4~5 月，第二次在 7~9 月，11 月根系停止生
长。根的分根生长，一年能出现 3~5 次，吸收根寿命短，须根易老
化死亡。故每年冬季和夏季宜深翻植株周围土壤，利于根系更新。

　　黄褐毛忍冬根系发达，细根多，生根力强。主要根系分布在
10~25cm 深的表土层，须根则多在 5~40cm 的表土层中生长，在 4
月中旬至 8 月下旬生长最快。根系穿透能力强，能在岩石缝隙中绵
延生长，具有很强的水土保持功能和良好的抗干旱、抗瘠薄能力。
根木质绳状、粗长，老根近黄褐色，幼根颜色较淡，呈乳白色或乳
黄色，根毛密集、呈网状，近根尖端较多。根从地表至土层越长
越深，且与植株生长年限有关。黄褐毛忍冬在营养生长阶段，单
株根数、根长、根粗都与植株生长发育时间长短有关。营养生长
期生长时间越长，根越长且越粗。当年生种子育苗植株（7 月
移栽，次年 1 月调查）根长 35.4~70.5cm，入土深 28~60cm，一
级侧根数 4~10 条，粗 3~7mm。而当年生扦插苗移栽的植株根长
26~40cm，根入土深 16~40cm，一级侧根数 4~6 条，粗 2.4~6mm。
由此可以看出，种子育苗与扦插苗相比较，前者根系更发达，长势
更好。

（2）茎

黄褐毛忍冬的茎与忍冬属其他植物的茎有显著区别，其表现在它生有黄褐色柔毛。茎细，木质，常绿藤本，多分枝。幼枝为绿色，密被为黄褐色或黄灰色毡毛状硬毛，具散生橘红色短腺毛。老枝柔毛渐少甚至脱落，皮色也由黄褐色逐渐变为棕褐色，皮呈条状剥离。冬芽具4对鳞片。黄褐毛忍冬种子育苗，种子萌发10余天即可出土，2~4个月后茎开始分枝，随后分枝较快，8个月可达4~6个头，茎长超过50cm（实生苗当年生长可长到1m高）即可移栽。移栽成活后，黄褐毛忍冬生长较快。调查资料显示，9月移栽的黄褐毛忍冬，次年1月新生茎可达57cm，长势良好的能达到10~15个分枝。

（3）芽

灰毡毛忍冬的枝芽，通常着生在新梢叶腋或多年生枝茎节处，多为混合芽。灰毡毛忍冬和黄褐毛忍冬的花芽分化属无限生长型，只要温度适宜，则可不断地形成花芽，除越冬芽由于气温降低当年不能萌芽外，一般每年多次萌发、抽梢、现蕾。花芽形成的枝条主要是新梢，金银花多在当季抽生的新梢上现蕾开花。在多年生结果母枝上亦可萌发新芽，但在数量上远比新梢萌芽少。

（4）叶

黄褐毛忍冬的叶，从苗期至花期有叶态变化。播种30天后长出2片子叶对生，单茎呈黄褐色，两面有柔毛。随着茎的生长，子叶逐渐变宽，45天后长出2片真叶，全缘，纸质，呈卵状椭圆形，对生，颜色由黄褐色逐渐变为绿色。成叶先端渐尖，基部圆形，表面被疏生黄褐色弯状硬毛，叶脉毛较密，叶柄密被为黄褐色硬毛，其颜色随幼叶到成叶的改变而改变。

（5）枝条

黄褐毛忍冬的每次萌芽，都具有现蕾开花，发育成花（结果）枝的潜在能力，只是由于营养状况和管理水平的不同，而分别发育成花（结果）枝、营养枝、徒长枝或丛叶枝。

①花（结果）枝：着生在1—2年结果母枝的茎节或多年生骨干枝的分枝处，结果枝有长、中、短之分。一般长果枝长50~100cm，现蕾开花8~14丛；中果枝长30~50cm，现蕾开花8~11丛；短果枝长10~30cm，现蕾开花1~8丛。

②营养枝：一般把长度在10~100 cm的无蕾新梢叫做营养枝。

③徒长枝：多着生于主干基部及骨干枝分枝处，因材种、树龄、营养状况及修剪轻重不同，该类枝条数量有所不同，一般长200cm，最长可达400~500cm。徒长枝节间长，组织不充实，一般不能现蕾开花，或现蕾少。徒长枝着生在植株中、下部，在适宜的条件下，日生长量在10cm以上，消耗营养物质过多。因此，修剪时，无论冬剪或夏剪，徒长枝都要全部疏除。

④丛叶枝：长度一般在10cm以下，多生长在植株内膛枝叶稠密处，芽期应去除丛叶枝。

（二）开花结果习性

金（山）银花具有多次抽梢、多次开花的习性。例如，贵州道真县一带的灰毡毛忍冬的开花期，从4月中旬到8月底。在不加管理、任其自然生长的情况下，一般第1茬花在4月中、下旬现蕾开放，6月上旬结束，花量大，花期集中。以后只在长壮枝抽生2次枝时形成花蕾，花量小，花期不整齐。若加强管理，经人工修剪，合理施肥和灌溉，则每年可控制其花期，使其较集中地开花3~4次。而黄褐毛忍冬在黔西南一带，其花期一般为5~11月，主花期为5~6月。

金（山）银花从现蕾到开放的全过程，可分为下述6个阶段：

1. 幼蕾期：花蕾长0.5~3.5cm，开始似米粒，呈绿色，又称"花米期"，后花蕾直立，又称"青条期"。

2. 三青期：花蕾长3.0~4.5cm，唇部已膨大，微向内弯曲，呈绿白色。

3. 二白期：花蕾长4~5cm，唇部明显膨大，向内弯曲，呈绿白色。

4. 大白期：花蕾长5~6cm，唇部呈绿白色，含苞待放。

5. 银花期：即开花期，花全开放，长5~7cm，花筒状。二唇形，上唇四裂直立，下唇舌状反转。

6. 金花期：花初开放时为白色，后逐渐变为黄色。2~3天变为金黄色，5~7天后凋谢。

一般情况下，植株内壮枝花蕾首先开放，外围短果枝开放迟。在同一果枝上，从基部以上4~5丛叶腋处（多茬花常见于2~3丛处）出现花蕾。花蕾自下而上，逐渐开放，每天开放1丛。一条结果枝一般开花6~8丛，最多可达14丛。在同一条果枝上，可同时见到从现蕾到开放结束的全过程。大白期、二白期花蕾日生长量达1cm以上，三青期日生长量0.5~0.8cm。开花初期，花丝伸长弯曲，从花蕾腹面开裂，至全开放，约经历 2 小时。但花的开放易受气候影响，当晴天平均气温在 18℃~20℃时，花朵开放过程延长 1.0~1.5 小时；日平均气温下降至 15℃~18℃时，花朵开放过程可延长 2~3 小时。同时，随海拔增高，其现蕾和开花期将延迟。

黄褐毛忍冬主要适宜栽培在海拔 1000m 左右的喀斯特温热河谷生态区的石灰性土壤上，3—4 年生的黄褐毛忍冬可开花结实，花盛期在 6~7 月（贞丰县花江镇河谷地带稍有提前，其 5 月中旬花开最旺）。双花排列成腋生或顶生的短总状花序，总花梗密被黄褐色硬毛，基部有 1 对小形叶，苞片钻形，长 5~6mm，密被硬毛，小苞片呈卵形或条状披针形，长为萼筒的 1/2 至略长，密被黄褐色硬毛，萼筒倒卵状椭圆形，长约 2cm，无毛，萼齿条披针形，比萼筒长；花冠由白色变为黄色，长 3~3.5cm，唇形，筒略短于唇瓣，外面密被黄褐色倒伏毛和开展的短腺毛；雄蕊和花柱均高出花冠，有清香，无毛；柱头近圆形。黄褐毛忍冬节间短，开花多（经实地观察，1 个节间可开 10~22 束花，1 株最多开花量达 12.5kg）而且几乎同时开花。花芳香物质含量相当高，药用价值也高，但花期较短（15 天左右）。浆果为球形，呈黑色。

四、繁殖技术

金（山）银花可通过种子繁殖和营养繁殖，生产上广泛采用营养繁殖。

（一）种子繁殖

1.种子处理：于 11 月浆果变为黑色时采摘果实，置于清水中搓洗，除尽果肉、杂质和瘪粒，收集成熟，饱满的种子晾干备用。播种前将种子放入 35℃~40℃水中浸泡 24 小时，捞出与 2~3 倍湿沙拌匀，置于温暖处催芽 2 周左右，待裂口种子数达 30% 左右时即可播种。此外，低温处理也能促进种子萌发，可于播种前 2 个月将种子放入 4℃环境中冷藏。

2.播种方法：可冬播或春播，冬播应于土壤封冻前完成，春播多在 3 月中旬进行。可条播或撒播，条播是在预先整好的厢面上按行距 20cm 左右开深约 1.5cm 浅沟，将种子均匀地撒入沟内，用种量约 1kg/ 亩，覆细土厚 1.0~1.5cm，稍压实，浇透水，盖草保湿，约 20 天后开始出苗。幼苗经过 8 个月以上的生长，当藤长达 30~150cm，地径 3~8mm，主根长 15cm 以上，一级侧根 2~6 条、粗 1~6mm 时，即可出圃移栽定植。

（二）营养繁殖

金（山）银花的营养繁殖主要有扦插、压条、分株三种方法，生产上较多采用扦插法，压条法次之。

1.扦插法

多在秋季或春季进行，夏季亦可。选择生长健壮、产花量高、藤蔓粗直、节间短、无病虫害且开花多年的中龄植株，采集粗 4mm 以上半木质化或木质化枝条作插穗，置浅水（水深 1~2cm）容器中于阴凉处放置保鲜。绿枝插穗（嫩枝插穗或软枝插穗）一般在夏季进行，利用半木质化的绿色枝条作插穗，插条长度 6~10cm，具 1 个节，带 2 片叶；硬枝插穗（老枝插穗）多在落叶后至萌芽前的休眠期进行，插条为 1~2 年生木质化枝条，无叶，长 15~30cm，具 3 个节，上端剪成平口，下端削成斜面。

扦插前用 100mg/l 萘乙酸或吲哚丁酸溶液浸泡插条基部（深度 2~4cm）约 30 分钟，在苗床上覆盖农膜，按 5cm×15cm 株行距进行打孔，然后按孔进行扦插（斜插），入土深度为插条的 2/3（插条长者入土 1/3~1/2），插后喷透水，搭建小拱棚保温保湿，气温高时加盖遮阳网。15 天后能生根发芽，幼苗成活后即可拆除遮阴棚，经半年至 1 年生长，当新芽藤长达 30~150cm，藤粗 3~8mm，根粗 1.5~6mm，一级侧根 2~6 条时，即可于秋季或早春起苗移栽定植。

2. 压条法

用湿度 80% 左右的肥泥垫底并压盖已开过花的金银花藤条部分节眼，再盖草保湿。2~3 个月后长出不定根，约半年后不定根发育成熟，即可将带有不定根的新株与母株分离，带土移栽。一般从压藤到移栽只需 8~9 个月，栽种后的次年便可开花。

五、种植技术

（一）生态环境要求

1. 灰毡毛忍冬生态环境要求

灰毡毛忍冬常生于海拔 800~1200m 的山谷溪边、坡地或山顶混交林、灌木丛中，多种植于山地丘陵地带。其全年生长发育阶段可分为 6 个时期，即萌芽期、新梢旺长期、现蕾期、开花期、缓慢生长期和越冬期。其中，萌芽期植株枝条茎节处出现米粒状绿色芽体，芽体开始明显膨大，伸长，芽尖端松弛，芽的第 1、2 对叶片伸展。日平均气温达16℃，进入新梢旺长期，新梢叶腋露出花总梗和苞片，花蕾似米粒状。现蕾期果枝的叶腋随着花总梗伸长，花蕾膨大。

在人工栽培条件下，开花期相对集中，为4月中下旬至8月底。开放4次之后，零星开放止于10月初。第1次开花时间在4月中旬，花蕾量占整个开花期花蕾总量的40%；第2次开花在5月中旬，花蕾量占整个花蕾期总量的30%；第3次开花在6月下旬，花蕾量占整个开花期花蕾总量的20%；第4次开花在8月初，花蕾量占整个开花期花蕾量的10%。进入缓慢生长期后，植株生长缓慢，叶片脱落，不再形成新枝，但枝条茎节处出现绿色芽体，主干茎或主枝分枝处形成大量的越冬芽，此期应为贮藏营养回流期。当平均温度在3℃时，生长处于极缓慢状态，越冬芽变红褐色，但部分叶片凛冬不凋。

（二）黄褐毛忍冬生态环境要求

黄褐毛忍冬是一种喜光、喜温暖湿润环境的常绿藤本植物，在光照较好的地方生长良好，在光照不足的地方生长较差，藤茎纤细。在年均温14℃~20℃生长良好，能忍耐3℃左右的低温，温度高于30℃时生长缓慢或停止生长。黄褐毛忍冬自然分布于海拔850~1300m，常生长于山体的中下部或平坦处光照较好的地方，各种坡向均适宜种植。

黄褐毛忍冬喜温暖湿润环境，但水分过多会引起烂根，水分过少会引起植株严重失水而萎蔫。其自然分布于喀斯特地区属于钙质土的石灰土范围，土壤有黑色石灰土和黄色石灰土等，在人工种植条件下，种植于酸性土地区也可生长良好。

　　但是，由于各地地貌环境及气候条件不同，灰毡毛忍冬和黄褐毛忍冬的生育期等均有较大差别。即使同一纬度地区，因海拔和气候条件的不同，其生育期也各有差异。一般而言随着海拔高度的增加，灰毡毛忍冬和黄褐毛忍冬的生育期均会向后延迟，海拔500m以下地区，其生育期基本一致。同时，灰毡毛忍冬和黄褐毛忍冬均对土壤要求不严，以红壤、黄壤、黄棕壤、棕壤、暗棕壤等为主。尤其适合在喀斯特地区以溶沟和岩石发育较好的地带生长，在坡度较大的喀斯特地带也能生长。将其植株种植于岩溶沟谷的土壤中，可以把岩石作为攀缘体顺利生长，这对于喀斯特地貌生态环境的改善有着良好作用。比如贵州省黔西南州兴义、安龙、贞丰、兴仁及安顺市关岭、镇宁等喀斯特地区，黄褐毛忍冬的种植取得了生态环境建设与精准扶贫等多重成效。

　　（二）生产基地合理选择与基地环境检（监）测评价

　　1. 灰毡毛忍冬生产基地的合理选择

　　按照灰毡毛忍冬生产适宜区优化原则与其生长发育特性要求，选择其最适宜区或适宜区并具备良好社会经济条件的地区建立规范化的生产基地。现已在贵州道真、绥阳等县建立了规范化生产基地。贵州道真大矸镇灰毡毛忍冬规范化种植基地（以下简称"道真金银花基地"），位于距道真县城33km的西山山脉上部，海拔1250~1400m，气候属于中亚热带季风湿润气候，年平均气温为14℃，最高气温36.5℃，最低气温–7.6℃，≥10℃积温3400℃~5000℃，年无霜期约270天，年均降水量800~1400mm，年均相对湿度 80%。成土母岩主要为砂岩和紫色岩，土壤以黄壤和紫壤为主。地带性植被为常绿落叶和阔叶混交林，主要树种有银杉、珙桐、银杏、红豆杉、华南五针松、香樟、润楠等，道真金银花基地内的药用药物主要有黄柏、厚朴、杜仲、红豆杉、三尖杉、党参、重楼、半夏、天麻、桔梗、天冬、黄精、续断、鱼腥草、淫羊藿等。

道真金银花基地始建于 1990 年，连片面积约 2000 亩，其中林药间作区 60 亩，林茶间作区 20 亩，种子林区 20 亩，尚专建了灰毡毛忍冬种苗繁育示范园 2 亩。林药间作区内主要间种天冬、半夏、黄精、鱼腥草、淫羊藿等。当地各级党委政府对灰毡毛忍冬规范化生产基地建设高度重视，交通、通信等条件良好，广大农民有种植灰毡毛忍冬的传统习俗与积极性。该基地远离城镇及公路干线，空气清新，环境优美，方圆 10km 内无污染源。

2.黄褐毛忍冬生产基地的合理选择

按照黄褐毛忍冬生产适宜区优化原则与其生长发育特性要求，选择其最适宜区或适宜区并具备良好社会经济条件的地区建立规范化的生产基地。现已在贵州安龙、兴义等地建立了黄褐毛忍冬规范化生产基地。安龙县德卧镇黄褐毛忍冬规范化生产基地（以下简称"安龙金银花基地"），位于贵州省西南部边陲地带，地处云贵高原向广西丘陵过渡的斜坡上，属亚热带岩溶山区，是典型的喀斯特地形地貌地区。安龙县岩溶地貌面积占全县总面积的 70%，可以种植黄褐毛忍冬的面积在 35 万亩以上，主要分布在该县的中部、东部、西南、中南部及西部地区。该县最低海拔 440m，最高海拔 1964m，由于该县不同地区的岩溶地貌各异，在地形地貌的影响下，形成了不同的立体小气候。该县属亚热带湿润季风气候，具有气候温和、雨量充沛、冬无严寒、夏无酷暑、雨热同季等特点。全县年平均气温 15℃，降水量 1256.1mm，日照时数 1504.7 小时，积温 5633℃，无霜期 288 天。

安龙县委县政府于 2009 年根据该县实际，把黄褐毛忍冬产业列入安龙县农业产业化发展的重点，发展目标为 20 万亩，截至 2013 年 12 月，全县人工栽培黄褐毛忍冬面积达 18.6 万亩，涉及 15 个乡镇（街道办事处）、76 个村（村级整合后），近 2.5 万余户 10 万余人，基地建设超过万亩的乡镇有 10 个，分别是德卧、龙广、招堤、栖凤、笃山、平乐、钱相、兴隆、新桥、木咱等乡镇（街道办事处），开花面积 6.5 万亩左右。

（三）选地与整地

1. 选地

生产区适宜海拔 600~1500m，年均温 14℃~18℃，年降雨量 800~1300mm，年日照时数 1500~1800 小时，年无霜期 240 天以上。育苗地宜选择土层深厚、肥沃疏松、排水良好的砂质壤土，pH 值 5.5~7.8 为宜。栽植地可选在荒坡、沟边、田埂上等。

2. 整地

（1）育苗地整地

深翻土地 30cm 以上，打碎土块整平耙细，施足基肥（厩肥或堆肥 2500kg/ 亩），作宽 1.0~1.3m 的厢，厢高 30~40cm，用于播种育苗或扦插育苗。

（2）栽植地整地

在翻耕过的地块上采用穴状整地，按行距 1.0~1.5m、株距 0.8~1.2m 挖 40cm×40cm×40cm 的定植穴，用于种苗定植。整细穴内土块，拣出杂物和石块，回填肥土和细土，每穴施入腐熟农家肥 3~4kg、磷肥 0.3kg，二者拌匀，作为基肥，将基肥与土拌匀后再覆土约 5cm。

（四）移栽定植

一般在早春萌发前或秋冬休眠期进行，选阴雨天起苗带土移栽，将幼苗适当修剪，留藤长 20~30cm，按 1 株／穴植入预先准备好的定植穴内。栽植时应将种苗置于穴内中心，保持根系舒展，不窝根，扶正植株，填土至根颈处，踏实压紧，浇透定根水。实生苗定植六年后开花，成熟植株扦插苗定植 2~3 年即可开花投产。

（五）田间管理

1. 中耕除草

育苗地应结合间苗、施肥、灌溉进行浅耕，除草应"除早、除小、除了"。金银花栽植成活后的前 3 年必须每年中耕除草 3~4 次。第一次在新叶发出时，第二次在采花后，最后一次在秋末冬初霜冻前结合中耕培土进行。中耕时在植株根际周围宜浅，远处可稍深。三年后可适当减少除草次数，视植株生长和杂草滋生情况，每年早春新芽萌发前和秋末冬初封冻前进行培土。

2. 施肥灌溉

种子出苗长到 3 片真叶或扦插苗成活后追施 0.1% 尿素水溶液，每隔 1 个月灌溉 1 次，可追施肥 3~5 次；幼苗开始进入硬化期后追施钾肥 20~25kg/ 亩。对于种植地，施肥一般于每年早春或初冬结合中耕除草进行，在植株周围开一环状沟，将有机肥与化肥混合后施入，并覆土以保水保肥。春季应以施稀薄人畜粪水为主，1000~2000kg/ 亩。五年生以上植株施土杂肥 5kg/ 株、硫酸铵 50~100g/ 株、过磷酸钙 150~200g/ 株，或人畜粪尿 4~5 kg/ 株；5 年生以下植株用量酌减。若土壤肥沃，可少施或不施肥。每茬花前花芽分化时，叶面喷施磷酸二氢铵（浓度为 2~3g/l）；每次采花后可叶面喷施尿素 250g/ 亩、过磷酸钙 1.25kg/ 亩，加水 50kg。入冬前，施腐熟堆肥、厩肥，酌加饼肥。

幼苗期灌溉应少量多次，速生期灌溉次数可减少，但应适时浇透水；藤苗生长后期或成年植株，若无严重干旱可以不必灌溉。雨季应及时排水、防涝。

3. 整形修剪

（1）常规整形

把金银花植株修剪成低矮直立、伞形分枝的小灌木，在移栽 1~2 年萌芽前进行。

①主干培育，即剪去上部枝条保持株高 35~40cm，促使分枝萌发，在主干上部保留 5~6 枝生长旺盛的枝条，当年萌发枝条所长花蕾应全部适时采收，不让其形成果实。

②分枝修剪，即剪去各级分枝的上部，仅保留 5~7 对芽。每年早春萌芽前剪去枯老枝、病残枝、过密枝以及由根基发出的幼条；每茬花采完后适当修剪开过花的枝条。

（2）立杆辅助整形

在金（山）银花移栽定植后第二年早春萌发生长前，于植株主蔓旁架设高 1.6 米左右的竹竿或木棍，将植株地面以上部分全部剪去，在随后产生的根生分蘖枝中选留 1~3 个生长旺盛枝，采用缠绕绑扎方法扶其顺着辅助杆向上生长，当藤蔓顶端超过立杆时，摘去顶尖。对中心主干上萌生的当年新枝修剪宜轻，可在采完第一茬花后适当疏除和短剪植株上部过密过旺枝条，同时剪去主干基部萌发并拖地的枝条。当年萌发的枝条上所形成的花蕾应全部适时采摘。若在岩石边、墙边或树下栽种，藤蔓可攀附于岩石、墙壁或树木上，不必再搭支架。

六、病虫草害防控技术

（一）病害

金银花常见病害有白粉病、根腐病、褐斑病、炭疽病、锈病等，由于种植区域不同，病害在各生长季节的种类差异较大。

1. 白粉病

（1）症状

危害叶、茎和花。叶上斑点初为白色小点，后扩展为白色粉状斑，后期整片叶布满白粉层，严重时叶片发黄变形甚至落叶；茎上部为斑褐色，呈不规则形，上生白粉；花扭曲，严重时脱落。

（2）防治方法

①选用枝粗、节密短、叶片深绿而质厚、密生绒毛的品种。

②合理密植，整形修剪，改善通风透光条件，增施有机肥。

③发病期可选用25%粉锈宁1500倍液或50%托布津1000倍液等药剂喷施。

2. 根腐病

（1）症状

危害根部，患病根的中下部出现黄褐色锈斑，以后逐渐干枯腐烂，使植株枯死，多雨季节危害严重。

（2）防治方法

①及时排水，降低土壤湿度。

②发现病株时要及时拔除销毁，并对病穴用石灰水进行消毒处理。

③发病期可选用敌克松100倍液，或50%多菌灵可湿性粉剂800~1000倍液，或50%托布津1000倍液灌施根部。

3. 褐斑病

（1）症状

主要危害叶片，病斑呈圆形或受叶脉所限为多角形，呈黄褐色，直径5~20 mm。潮湿时背面生有灰色霉状物，干燥时病斑中部易破裂，严重时叶片早期枯黄脱落。

（2）防治方法

①及时清除病枝落叶，减少病源。

②加强肥水管理，增加植株抗病力。

③发病期用1：1.5：300波尔多液或退菌特600~800倍液等药剂喷施。

4. 炭疽病

（1）症状

危害叶片，病斑近圆形，呈褐色，可自行破裂，潮湿时易生橙红色点状黏状物。

（2）防治方法

①清除枯枝、病枝、落叶，集中烧毁。

②发病时可选用1∶1∶100波尔多液等药剂喷施。

5. 锈病

（1）症状

危害叶片，发病初期，先在下部叶片的背面产生锈褐色微隆起的小疱斑，破裂后散发出铁锈色粉末。发病后期，叶片上产生暗褐色疱斑；发病严重时，叶片自上而下枯死。

（2）防治方法

①清洁田园，收集田间病残枝叶进行集中烧毁。

②增施磷钾肥，增强植株抗病力。

③发病期可选用25%粉锈宁乳剂1000~1500倍液，或20%萎锈灵乳剂200倍液，或65%代森锌500倍液等药剂喷施。

（二）虫害

金银花植株上常见的虫害有红蜘蛛、蚜虫、忍冬细蛾等。

1. 红蜘蛛

（1）症状

为害叶片，多集中于叶片背面吸取汁液，被害叶片出现灰黄色斑点，严重时全叶干枯。

（2）防治方法

①剪除病虫枝和枯枝，清除枯枝落叶并烧毁。

②发生期可选用 30% 满窝端乳油 1000 倍液，或 5% 克大螨乳油 2000 倍液，或 5% 尼索朗乳油 2000 倍液，或 20% 卵螨净可湿性粉剂 2500 倍液等药剂喷雾防治。

2. 蚜虫

（1）症状

以成、幼虫刺吸叶片汁液，使叶片卷缩发黄，花蕾期引起花蕾畸形。蚜虫危害过程中分泌蜜露，导致煤烟病发生。

（2）防治方法

蚜虫危害期可选用 10% 吡虫啉 4000~6000 倍液，灭蚜松乳剂 1500 倍液等药剂喷雾防治。

3. 忍冬细蛾

（1）症状

以幼虫潜入叶内，取食叶肉组织，使金银花产量和品质降低。

（2）防治方法

①在 1、2 代成虫和幼虫前期进行防治，可用 25% 灭幼脲 3 号 3000 倍液喷雾防治。

②在各代卵孵盛期用 1.8% 阿维菌素 2000~2500 倍液喷雾防治。

（三）草害

金（山）银花生产中的草害一般会伴随其一生，目前，为提高金（山）银花品质，降低农残，同时兼顾金银花产区劳动力状态，针对金（山）银花草害的防治主要采用物理防治，即栽植后铺防草布控制草害，生产中采用的防草布直径一般在 1~1.5m，要求透水透气，颜色一般采用黑色或蓝色，耐用 3~4 年。植株冠幅直径达到 2m 以上后，一般草害对植株的影响不大，可不再进行防治。

七、留种技术

选用实生苗种植植株作为留种株，植株种植年限应在五年以上，枝繁叶茂，挂花量大，抗旱、抗病能力较强，无致命的病害或虫害，结果率高。

对留种株勤加管护，每年进行冬季和夏季修剪，施越冬肥。现蕾期，每株留种株追施高钾低氮复合肥（N：P：K=6：9：20）400~500g，采用挖环沟施入，施肥距离离根际30~40cm，沟深20cm以上，施肥后覆土。雨季来临前，提前进行病害预防，喷施波尔多液（按照使用说明进行喷施），大雨后，喷施治疗型杀菌剂防治病害，如波尔多锰锌、甲基托布津、代森锰锌等。保留花枝中下部花进行结果，剪除花枝上部弱花、病花，同时，剪除被遮阴的花枝、过密的花枝。

八、加工技术

（一）采收时期

5~8 月，于黎明至上午 10 时以前采摘花蕾。

（二）采收标准

花蕾由绿变白，上白下绿，上部膨大，尚未开放。

（三）初加工技术

采下的花要及时进行烘干、蒸晒或脱水处理。一般当天的花当天就要进行脱水处理，否则花会变黑、变坏。目前，除传统晒晾外，常采用的干燥方法如下：

1.土坑烘干法

本法是在自制土坑烘房内进行加温、通风并结合传统晾晒将金银花制干燥。先将采回的花蕾放在最下层，逐渐上移，直到最上层。烘烤房温度上高下低。底层30℃~40℃，中层50℃，高层58℃~60℃。温度过高，烘干过急，花蕾易发黑，质量下降；温度太低，烘干时间过长，花色不鲜，变成黄白色，也影响质量。因此，必须注意控制其温度，开始烘干时温度为30℃，2小时后为40℃，5~10小时为45℃~50℃，10小时后为55℃~58℃，最高温度60℃，烘干时间为24小时。

2.蒸汽杀青—热风循环烘干法

本法是在特制设备中，采取蒸汽高温130℃杀青，并以循环热风而将金（山）银花制干燥，具有无污染、成色佳、质量好等优点，但成本相对较高。其具体操作方法应根据设备说明进行调控。

金（山）银花烘干后，应进行净选，主要是拣出叶子、杂质、杂花。杂花即指黑条花、黄条花、开头花、炸肚花、煳头花、小青脐等。用簸箕扇出尘土，然后将干燥的花按照规格等级严密包装。在包装前，每批药材包装应有记录，检查是否充分干燥、有无杂质及其他异物，所用包装材料应是无污染、对环境和人无害的包装材料。在每件包装上，应注明品名、规格、等级、毛重、净重、产地、执行标准、批号、包装日期、生产单位，并附有质量合格的标志。

第十节 党参

一、概述

党参（*Codonopsis pilosula* (Franch.) Nannf. ）为常用大宗药材，是我国常用的传统补益类中药材，已有数百年的药用和食用历史。《本草从新》等历代著作均有党参入药的记载。党参味甘、性平，能和脾胃、补中益气、生津、健脾益肺；用于治疗脾肺虚弱、气短心悸、食少便溏、虚喘咳嗽、内热消渴等症。党参是最常见的补益类中药，为补益气血之佳品。党参的功效既补益，药性又缓和，且能与其他中药或食物配伍为药膳或保健食品，具有温补气血、防病治病的作用，对身体大有裨益。《中华人民共和国药典》（1963年版）就已将党参收录其中。党参含有多糖类、倍半萜内酯类、聚炔类及苷类等多种化学成分，现代药理研究表明其具有提高免疫力、抗氧化、抗疲劳等作用。党参除了作为传统中药在临床上使用外，也是保健食品和食疗药膳的重要原料，同时党参还在中兽医药中有广泛的使用。因此，党参栽培面积较大，经济价值较高。

我国是党参的主产区和分布中心，全世界有党参属植物40

余种，我国就有 39 种之多。主产于西藏、四川、云南西部、贵州、甘肃、陕西、宁夏、青海东部、河南、山西、河北、内蒙古及东北等地区。朝鲜、蒙古和苏联远东地区也有生长。生于海拔1560~3100 米的山地林边及灌丛中。贵州党参主要分布于威宁、大方、黔西、毕节、道真、铜仁、遵义、普安、盘县、水城、龙里、清镇、贵阳等地，主要种植品种为素花党参（Codonopsis pilosula Nannf. var. Modesta (Nannf.) L.T. Shen）。

二、植物学特征

党参为桔梗科植物党参（*Codonopsis pilosula* (Franch.)Nannf.）、素花党参（*Codonopsis pilosula* Nannf. var. Modesta (Nannf.) L.T. Shen）或川党参（*Codonopsis tangshen* Oliv.）的干燥根。

党参系桔梗科党参属多年生草本植物，有乳汁。茎基有多数瘤状茎痕，根常肥大呈纺锤状或纺锤状圆柱形，较少分枝或中部以下略有分枝，长 15~30cm，直径 1~3cm，表面呈灰黄色，上端5~10cm 部分有细密环纹，而下部则疏生横长皮孔，肉质。茎缠绕，长 1~2m，直径 2~3mm，有多数分枝，侧枝 15~50cm，小枝1~5cm，不育或先端着花，呈黄绿色或黄白色，无毛。叶在主茎及侧枝上的互生，在小枝上的近于对生，叶柄长 0.5~2.5cm，有疏短刺毛，叶片卵形或狭卵形，长 1~6.5cm，宽 0.8~5cm，端钝或微尖，基部近于心形，边缘具波状钝锯齿，分枝上的叶片渐趋狭窄，叶基为圆形或楔形，上面呈绿色，下面呈灰绿色，两面疏或密地被贴伏的长硬毛或柔毛，少为无毛。花单生于枝端，与叶柄互生或近于对生,有梗。花萼贴生至子房中部,筒部半球状,裂片为宽披针形或狭矩圆形,长 1~2cm,宽 6~8mm,顶端钝或微尖,微波状或近于全缘,其间湾缺尖狭;花冠上位,阔钟状,长 1.8~2.3cm,直径 1.8~2.5cm,呈黄绿色,内面有明显紫斑,浅裂,裂片为正三角形,端尖,全缘;花丝基部微扩大,长约 5mm,花药长形,长5~6mm;柱头有白色刺毛。蒴果下部半球状,上部为短圆锥状。种子数多、卵形、无翼、细小、棕黄色,光滑无毛。花果期为7~10 月。

三、生物学特性

党参的适应性较强,喜温和凉爽的气候,耐寒,根部能在土壤中露地越冬。幼苗喜潮湿、荫蔽、怕强光。播种后缺水不易出苗,出苗后缺水易大批死亡。大苗至成株喜阳光充足,能耐受 33℃的高温,也可在 -30℃条件下安全越冬,在排水不畅或高温高湿时易发生根腐病。党参是深根系植物,适宜在土层深厚、排水良好、土质疏松而富有腐殖质的砂质壤土栽培,土壤 pH 值 6.5~7.0 为宜,忌连作,一般间隔 3—4 年再种植,前茬以豆科、禾本科作物为好。

(一)种子特性

1.贮藏寿命与发芽率

党参以三年生植株所结的种子发芽率较高,一般可达 70% 以上。党参新种子发芽势强,发芽率高,长出的苗均匀、健壮。室温贮藏一年则发芽率降低,贮存期间受烟熏或接触食盐,种子将丧失发芽能力。新种子放牛皮纸袋内,藏于室温,隔一年后播种,发芽率仅为 5% 左右；贮藏 3~4 年后的党参种子色泽灰白干燥，胚失去发芽能力，播种后不出苗。

2. 种子萌发

党参种子无休眠期，很容易萌发。党参种子萌发适温为 15℃ ~20℃。春、夏、秋三季均可播种，春播会因干旱导致出苗不齐，夏播、秋播出苗较整齐。种子播后 10~20 天发芽，一般发芽率可达 70%~80%。党参种子萌发需要较多的水分，同时幼苗喜阴，因此生产上要采用覆盖秸秆、松叶、杂草，或间作高秆作物遮阴等方法，保证种子发芽及苗期生长有足够的水分及适宜的生态环境。

（二）党参生长发育特性

春季播种的党参，至 6 月中旬，苗一般可长到 10~15cm。从 6 月中旬至 10 月中旬，党参苗进入营养生长的快速期，一般一年生党参地上部分可长到 60~100cm，低海拔或平原地区种植的党参，8~10 月部分植株可开花结子，但秕子率较高；在海拔较高的山区，一年生党参苗一般不能开花。10 月中、下旬，植株地上部分枯萎进入休眠期。二年生及以上植株，在吉林省左家地区一般每年 4 月中旬出苗进入营养生长，7~8 月开花，9~10 月结果，8~9 月为党参根系生长的旺盛季节，搞好田间管理，有利于党参根的生长，10 月底进入休眠期。各产地由于海拔高度、气候等原因，生长周期略有差异。

四、繁殖技术

种植党参主要采取种子直播和育苗移栽。应选用当年新鲜种子，隔年的种子第二年发芽率低下，甚至根本不能发芽，种子丧失萌发的活性。党参的种子喜冷凉，耐冻能力强，如选择春季播种，可提前半个月左右进行。党参最主要的药用价值在于其肉质的根部，所以苗地一定要选择排水良好的地方，否则高温潮湿很容易让其根部腐烂，为避免造成减产的情况，因此在低洼平坦的位置一定要开高畦。播种前将种子用40℃~45℃的温水浸泡，边搅拌、边放种子，待水温降至不烫手，再浸泡5分钟；将种子装入纱布袋内，水洗数次，置于沙堆上，每隔3~4小时用15℃温水淋一次，经过5~6天，种子有裂口时即可播种。也可将布袋内的种子置于40℃水洗，保持湿润，4~5天种子萌动时，即可播种。播种后，要做好保温和防止日晒，当苗高约5cm时将盖草逐渐揭掉，不可一次揭光，以防烈日晒死幼苗，并注意及时除草松土、浇水，保持土壤湿润。

（一）种子生产

选择符合产地环境要求，未种植过的党参，并相对隔离地块建立种子生产田，选择2~3年生，生长健壮、根体粗大、无病虫害的党参田作为采种田，选择两年生以上的党参采集种子。

1.种子采收

采收期约在10月上中旬，待果实呈黄褐色且变软、种子呈黑褐色时表明已经成熟，可以采收。最常用的采集方法是在党参地上部藤蔓枯黄，茎秆中营养已输送到地下根部后，茎秆少汁发干时，用一些简单的手工用具（如镰刀）将藤蔓割去，小心轻放，减少落粒，运回脱粒场地，放在阳光下晒7~10日，待干后，部分硕果裂开即可脱粒。

2.种子处理

按上述要求选择符合要求的种子，播种前将种子装入布袋内，置于40℃~45℃温水中，并不断搅拌，浸泡12小时，取出，用清水淋洗数次，放在25℃~30℃空气中，用湿麻袋或纱布片盖好，催芽。经过5~6天，种子萌动有裂口露白时即可播种。

（二）种苗生产

党参种子春播宜早不宜迟，早播种苗较齐，根系扎得早，抗旱能力强。海拔2000m以上的地区因土壤解冻迟，4月初土壤墒情依然较好，为最佳播种期；海拔2000m以下的地区，往往早春土壤解冻较早，早春失墒快，可以在表土解冻后适当提早播种。秋播时一般不进行种子处理，不宜太早，否则种子出苗易被冻死，影响第二年生长。

1.整地与施肥

（1）整地：党参幼苗怕晒，育苗地应选在湿润的阴坡地。选择地势平坦、土质疏松肥沃、墒情较好、不积水、杂草较少、富含腐殖质、地下害虫危害较轻的沙壤土地，深翻25~30cm，打碎土块，清除草根、树枝、石块，耙平。必要时可进行秋耕冻融。若排水不好宜做畦，畦面宽100cm，畦间距25~30cm，畦高15~20cm，畦长不等，畦长方向同坡向。如土地干旱，先灌溉，待水渗下表土，松散时再播种。

（2）施肥：在党参种子播种时施用种肥，可以随整地施入充分腐熟的有机肥作为基肥。在没有施用基肥或基肥施用量不足的情况下，可在播种的同时用微量元素的稀溶液浸种或在播种沟内施用熏土、泥肥、草木灰等。但要注意有些肥料容易灼伤种子。施肥方法一般分为撒施和条施。撒施把肥料均匀地撒在地表面，有时浅耙1~2次使其与表层土壤混合。条施是在行间或行列附近开沟，把肥料施入，然后盖土。在整地最后一次浅耕时，施入50％辛硫磷0.3 g/m²，与土壤混合，消灭地下害虫。

2. 播种方法

党参一般采用畦育苗，畦育苗分条播、撒播两种。条播即在已整平的畦面上，先开浅沟，一般深3cm，宽10~12cm，用细干土拌种子，用手均匀地撒播在畦面，若遇风，手放低轻轻顺着风向撒种子，要尽可能地避免风吹走种子。种子播下后，用铁网筛将细碎的湿土筛在种子上，覆土厚度0.5~0.7cm，每畦播4行，然后稍加压实，使土壤和种子结合紧密，立即覆盖；要先把平表层干土，然后将种子均匀地撒于畦面上，用钉齿耙浅耙使种子和表层0.5~1.0cm土壤混合，适当压实即可，播后保持土壤湿润、疏松。

3. 播后覆盖遮阴

播种作业完成后，立即用草、树枝、树叶、小麦秸秆或其他禾本科作物秸秆均匀地覆盖在表面，厚度约5cm，适当用石块、树枝或土压住覆盖物，防止风吹。覆盖量以1.0~1.5 kg/m²为宜，有利于保持土壤湿润，还可以防止强光直晒幼苗，防止板结，保护幼苗。

4. 苗床管理

播种后苗床应保持湿润，幼苗长出2片真叶时开始中耕除草。党参出苗有两对真叶、达到1cm以上时，应选择在阴天下午，一次性将遮盖物全部拿掉，也可在党参高1.5cm时，先揭去一半覆盖物，苗高 3cm 时，再揭掉全部覆盖物。如果覆盖前期降雨较多，覆盖物紧贴地面并有部分腐烂，苗大多可以透过覆盖物生长出来，即不必揭去覆盖物，可以一直覆盖到起苗。对幼苗生长稠密的田块，小苗生长到 5~7cm 时要进行间苗，最小苗间距约 1.0cm，平均苗间距 3.0~3.5cm，密度以 800~1000 株 /m² 为宜。根据苗情进行追肥，可用尿素和磷酸二氢钾各 50g 加水 10kg，在苗床上喷施。幼苗出土前及苗期要保持畦面湿润，降水过多出现积水时要及时排涝。遇到严重干旱时，有条件的地方要及时浇水。土壤封冻前在苗地上覆盖少量的细土（约 0.5cm 厚），防止冬季土壤裂缝伤苗。

5.起苗

起苗方法是先用三齿铁杈将苗掘起，然后轻轻翻下，拣出苗子，抖掉泥土。将挖起的苗扎成 400~500g 一小把，装入麻袋或塑料编织袋，运到移栽地移栽。

6.种苗质量标准（见表 9）。

表 9　党参种苗质量要求

级别	外观要求	分级标准
一级	生长健壮，须根发达，无损伤，无病斑及虫害。	种苗单株鲜重 ≥ 14.0g，苗长 ≥ 24.0 cm，苗粗 ≥ 1.2 cm。
二级		单株鲜重 4.0~14.0g，苗长 21.0~24.0 cm，苗粗 0.7~1.2 cm。
三级		单株鲜重 2.0~3.9 g，苗长 13.0~21.0 cm，苗粗 0.3~0.7 cm。
不合格苗	须根不发达，受病虫害影响，有病斑。	单株鲜重 1.9g 以下，苗长 <12 cm，苗粗 <0.3cm。

7. 党参种苗贮运

贮苗前，苗栽要仔细挑选，病苗和带伤的苗必须淘汰，否则引起整个烂苗。在阴湿的地方挖宽 50cm、深 50cm 的坑，长度按苗子数量定，将选好的苗把平放一层，铺上湿土 5cm 厚，在湿土上再放一层苗把，如此放 3~4 层苗，最后用湿土埋好。运输时将苗挖出，装入麻袋或编织袋中，苗把之间混入 15% 的湿土，以防苗子呼吸发热，然后装车，最后用篷布包扎结实即可运输。如要长途运输，途中休息时，车辆要停放在阴凉处，随时检查是否有发热的现象，如发现发热要及时倒包散热。苗子运到目标地后应尽快定植。

五、种植技术

（一）土地选择

1. 选地

移栽地选择土层深厚、肥沃疏松、有机质丰富的地块，排水良好的砂质壤土。前茬以豆类、薯类、油菜、禾谷类等作物为好，不可连作，轮作周期要三年以上。

2. 整地

所选移栽地块上年夏、秋季前茬作物收获后，立即灭茬深翻 25~35cm，打碎土块，清除草根、树枝、石块，耙平。可进行秋耕冻融。排水不好的宜做畦，畦面宽 100cm，畦间距 25~30cm，畦高 15~20cm，畦长方向同坡向。

（二）土壤施肥与消毒

结合深耕（耕深 25~35cm）施入基肥，一般每亩施腐熟农家肥（土粪）2500~3000kg，若种植区山高路陡，运送大量农家肥有困难，建议配合施用腐殖酸含量高的泥炭 $300kg/hm^2$ 或豆饼 $105kg/hm^2$，以补充有机质的消耗；施入底肥时每亩用 50% 的辛硫磷乳油或 48% 毒死蜱乳油 250~300ml，兑水 8~10kg 均匀拌入农家肥一并施入进行土壤消毒，控制地下害虫。

（三）大田种植

1.移栽时间：春季移栽时间为 3 月中下旬，苗栽萌动前，只要土壤解冻即可移栽，越早越好。秋季移栽可在霜降前后进行。

2.种苗筛选：选择健壮、无病虫感染、无机械损伤、表面光滑、苗子质地柔软，幼嫩、均匀、条长，直径 2~5mm，苗长 15cm 以上，百苗鲜重 40~80g 的种苗。

3.蘸根：将选好待栽的参苗根部放在浓度 0.06% 腐殖酸钠溶液里蘸一下，取出稍晾后栽植。

4.栽植方法：栽植通常采取沟栽，按沟距 25cm（或 30cm），深 25cm 开沟，大、中、小苗相间，按 4cm（或 10cm）株距顺斜放于沟旁一侧，苗头低于地面 1cm，再用开第二个沟的土将前一个沟覆土，厚度 3cm 左右，然后适当压实。

（四）田间管理

1.中耕除草：在移栽后 30 天，苗出土时第一次中耕除草，苗藤蔓长 5~10cm 时第二次中耕除草，待苗藤蔓长 25cm 时第三次中耕除草。

2.整枝打尖：第二年在生长中期，割去地上生长过旺的枝蔓茎尖 15~20cm 左右。

3.搭架或剪枝

（1）搭架：立体种植即搭架栽培新技术，稀疏间作早玉米、芥菜型油菜等高秆作物；也可以在苗高 30cm 时在畦间用细竹竿或树枝等作为搭架材料进行搭架，三枝或四枝一组插在田间，顶端捆扎，以利缠绕生长，从而加强通风、透气和透光性能。

（2）剪枝：整枝打尖主要是为了抑制地上部分生长，改善光照条件，减少藤蔓底层的呼吸消耗。通常在 6 月中旬，党参苗高 10~15cm 时进行第一次剪枝，剪尽枝叶；待苗高 20cm 左右，再次进行剪枝，剪至苗高 7~10cm；剪枝一直持续到立秋，立秋后不再进行剪枝。

4.追肥：党参追肥以氮肥为主，出苗 3 个月后，进行第一次追肥，间隔 30 天左右追肥 1 次，连追 2~3 次。追肥的同时要注意及时清除田间杂草，以免杂草与党参争肥。

5.灌溉及排水：在有灌溉条件的地区，党参要注意灌溉防旱，若移栽地 0~20cm 土层重量含水量低于 100g/kg 就需要灌溉。在雨季，要注意排涝，防止烂根。

（五）采收

素花党参在 10 月下旬霜降前后，地上部分变黄干枯后，割去藤蔓，根部在田间置留一周，在畦的一边挖 30cm 深沟，顺沟底向上挖其块根。注意不要挖断，以免影响质量。将挖出的党参根拣出抖去泥土，收挖时切勿伤根皮甚至挖断参根，以免汁液外渗使其松泡。同时要避免漏收，可将小党参苗挑出重新移栽。以干燥，无泥沙、杂质，无虫蛀、无霉变的为合格品；以条粗大，质坚实，外皮呈黄白色，断面半透明，菊花心明显的为纯品。

（六）产地加工

党参收挖后，在田间及时去掉泥土运回，然后放在室外晾晒，晚上收回。晾晒到柔软、能缠在手指上不断裂时，按大小分级，顺握放在木板上揉搓，使根条韧皮部与木质部紧贴，使根条饱满而柔软；反复3~5次后串扎，继续晾晒干。置于通风透气的木板或支架上存放，存放期间勤查看，以防返潮霉烂。加工干燥过程保证场地、工具洁净，不受雨淋等。严禁烟熏、硫熏、高温烘烤，以免降低品质和药效。

（七）包装

包装前应对每批药材按照国家标准进行质量检验。符合国家标准的药材，采用不影响质量的编织袋包装，禁止采用包装过肥料、农药等的包装袋包装。包装外贴或挂标签、合格证，标识牌内容应有药材名、产地、批号、规格、重量、采收日期、企业名称等，并有追溯码。

（八）储藏

应存储于阴凉干燥处，定期检查，防止虫蛀、霉变、腐烂、泛油等情况发生。仓库控制温度在20℃以下、相对湿度75%以下；不同批次、等级的药材分区存放；并建立定期检查制度。禁止磷化铝和二氧化硫熏蒸。也可采用现代气调贮藏方法，包装或库内充氮或二氧化碳。

（九）运输

运输时，防止发生混淆、污染、异物混入、包装破损；不得与农药、化肥等其他有毒有害的物质或易串味的物质混装。运载容器具有较好的通气性，遇阴雨天气应注意防雨防潮。

六、病虫草害防控技术

党参病虫害较少，病害主要有锈病和根腐病；虫害有蝼蛄、小地老虎、蛴螬、蚜虫、红蜘蛛等。

（一）党参在贵州主产地区的主要病虫害种类及防控措施

1. 主要病害种类及防控措施，详见表10。

表10　素花党参主要病害及防治措施一览表

病害名称	病原	防控措施	推荐药剂	施药方法
根腐病	腐霉、镰刀菌、疫霉等	1. 选择健壮、无挖伤种苗作为种栽，用杀菌剂浸泡后再下种。 2. 选择未种植过党参的地块进行种植，重茬间隔宜在3年以上。 3. 结合每次中耕除草，喷施低毒、低残留的杀菌剂进行预防。一般需喷施6~7次，每隔15~20天进行1次。多种杀菌剂农药应交替施用。 4. 一旦发现病株应及时拔出并深埋或烧毁并用石灰水灌窝。	四氯间苯二甲腈、甲基托布津、根腐灵、波尔多液、井冈霉素、春雷霉素、多抗霉素、长川霉素等。	喷雾
锈病	锈菌	1. 加强田间通风、透光。 2. 清洁田园、烧毁残株、清除病源菌等均可减轻锈病的危害。 3. 增施磷、钾肥，适量施用氮肥。合理灌溉，降低田间湿度，发病后适时剪草，减少菌源数量。	三唑类杀菌剂，常用品种有三唑酮、三唑醇、特普唑、戊唑醇等。	喷雾

2. 党参主要虫害种类及防控措施，详见表11。

表11　素花党参主要虫病害及防治措施一览表

虫害名称	防控措施	推荐药剂	施药方法
小地老虎	1. 糖醋液或黑光灯诱杀成虫。 2. 适期施药，合理选择药剂。	1. 植物源农药：苦参碱、鱼藤酮、印楝素、藜芦碱、除虫菊素、烟碱、苦皮藤素、桉油精、八角茴香。 2. 矿物源农药：矿物油、硫黄、硅藻土。 3. 抗生素类农药：阿维菌素、多杀霉素、乙基多杀菌素、浏阳霉素。	喷雾
蚜虫	1. 田间挂黄板诱杀。 2. 释放蚜茧蜂。 3. 适期施药，合理选择药剂。	1. 生物防治：对瓢虫、食蚜蝇、草蛉、蚜茧蜂等进行引种繁殖并散放防治，以虫治虫。 2. 微生物农药防治：白僵菌含有的白僵菌高孢粉无毒无味，不造成环境污染，对害虫具有持续感染力。	喷雾
红蜘蛛	1. 因地制宜，坚持"预防为主，综合防治"的原则，充分利用天敌资源，以期收到较理想的防治效果。 2. 适期施药，合理选择药剂。	生物防治：对大小草蛉、深点食螨瓢虫、小黑瓢虫、小花蝽等，进行引种繁殖并散放防治，以虫治虫。当益害比为1:50以上时，可有效控制害虫。	喷雾
蛴螬	以物理防治为主，每亩留种地可插入20~30张沾虫板。	苦参碱、鱼藤酮、印楝素、藜芦碱、烟碱、苦皮藤素、桉油精、八角茴香油、辛硫磷等。	喷雾

3. 农药禁止施用名录，详见表12。

表12 严格禁止使用剧毒、高毒、高残留或者具有三致

（致癌、致畸、致突变）的农药

种 类	农药名称	禁用原因
无机砷杀虫剂	砷酸钙、砷酸铅	高毒
有机砷杀虫剂	甲基胂酸锌、甲基胂酸铁铵（田铵）、福美甲胂、福美胂	高残留
有机锡杀虫剂	薯瘟锡（三苯基醋酸锡）、三苯基氯化锡和毒菌锡	高残留
有机汞杀虫剂	氯化乙基汞（西力生）、醋酸苯汞（赛力散）	剧毒、高残留
氟制剂	氟化钙、氟化钠、氟乙酸钠、氟乙酰胺、氟铝酸钠、氟硅酸钠	高残留
有机氯杀虫剂	滴滴涕、六六六、林丹、艾氏剂、狄氏剂	高残留
有机氯杀螨剂	三氯杀螨醇	国产品中含有滴滴涕
卤代烷类熏蒸杀虫剂	二溴乙烷、二溴氯丙烷	致癌致畸
有机磷杀虫剂	甲拌磷、乙拌磷、久效磷、对硫磷、甲基对硫磷、甲胺磷、甲基异柳磷、治螟磷、氧化乐果、磷胺	高毒
有机磷杀菌剂	稻瘟净、异稻瘟净	高毒
氨基甲酸酯杀虫剂	克百威、涕灭威、灭多威	高毒
二甲基脒类杀虫剂	杀虫脒	慢性毒性、致癌
拟除虫菊酯类杀虫剂	所有拟除虫菊酯类杀虫剂	对鱼毒性大
取代苯类杀虫剂	五氯硝基苯、稻瘟苯（五氯苯甲醇）	致癌或二次药害
植物生长调节剂	有机合成植物生长调节剂	慢性毒性

备注：以上所列禁止使用的农药品种的复配剂也禁止使用。

（二）主要病虫草害防控技术

1. 根腐病防控技术

雨季及时排涝，发现病株连根拔除并用石灰消毒病穴；也可用65%可湿性代森锌500倍液喷洒或灌根。发病初期喷洒或浇灌5%甲基托布津可湿性粉剂500倍液，或50%多菌灵可湿性粉剂500倍液。

2. 锈病防控技术

清洁田园、烧毁残株、清除病源菌，以及通过搭架来增加田间通风透光能力等均可减轻锈病的危害。发病初期喷50%二硝散200倍液或敌锈钠400倍液，或用萎锈灵或多菌灵500mg/l浓度喷雾防治。掌握施药时间，选择晴天无风或微风的午后进行喷药。

3. 害虫防控技术

蝼蛄、小地老虎、蛴螬等地下害虫可用撒毒饵的方法加以防治。先将饵料（秕谷、麦麸、豆饼、玉米碎粒）5kg炒香，然后用90%敌百虫30倍液0.15kg拌匀，适量加水，拌潮为度，撒在苗间，施用量为22.5~37.5kg/hm^2，在无风闷热的傍晚施撒。蚜虫、红蜘蛛用噻螨酮2000倍液喷雾防治，或用50%马拉硫磷2000倍液喷杀。

4. 鼠害防治

用毒饵诱杀和人工捕打结合的方法，防治鼢鼠为害。

七、留种技术

（一）留种地选择

选择符合产地环境要求、未种植过党参、并相对隔离地块建立种子生产田，选择 2—3 年生、生长健壮、根体粗大、无病虫害的党参田作为采种田，以两年生以上党参采集种子。采收期约在 10 月上、中旬，待果实呈黄褐色且变软、种子呈黑褐色时表明已经成熟，可以采收。最常用的采集方法是在党参地上部分藤蔓枯黄，茎秆中营养已输送到地下根部后，茎秆少汁发干时，用一些简单的手工用具（如镰刀）将藤蔓割去，小心轻放，减少落粒，运回脱粒场地，放阳光下晒 7~10 日，待干后部分硕果裂开，即可脱粒。

（二）采种

留种地党参地上藤蔓枯黄，果实呈黄褐色且变软、种子呈黑褐色时采收，选晴天脱粒。脱粒时，要在帆布或其他硬化场地上，将党参藤蔓摊开成 20~30cm 薄层，用木棍等轻轻敲打，震开硕果，种子弹出，用木杈抖去藤蔓。脱粒后用分样筛清选或进行风选，除去混杂物、空瘪粒及尘土。操作过程中要注意尽量不要损伤种子，受损害的种子发芽能力差。

党参种子经脱粒净种后要进一步干燥，要达到种子的标准含水量。党参种子的标准含水量为 11.5%~14.0%，平均 13%。干燥方法为阴干，其方法是在冬季低温条件下，将种子放帆布上在通风处晾干，摊开成 3~5cm 薄层，勤翻动，或装入棉布袋中挂在干燥通风的凉棚下晾干，不可高温暴晒或短期烘干。

（三）党参种子的贮藏

党参种子贮藏期间水分含量必须在 13% 以下。党参种子宜装在棉布袋或纸袋中贮藏，贮藏期间，注意防虫防潮，不可强光照射，不可放在有热源的地方，如暖气、炉子或土炕等附近。

（四）党参种子质量标准

党参种子评价指标按照 GB/T 3543 农作物种子检验规程执行，大田生产用种子质量符合以下标准：品种纯度应不低于 99%；种子净度不低于 98%；发芽率在 75% 以上；水分含量控制在 13% 以下。

八、加工技术

地上部分藤蔓变黄干枯后，割去藤蔓，根部在田间置留一周再起挖。采挖的参根去掉残茎，洗净泥土，按大小、长短、粗细分级进行晾晒。晒至半干、发软时，顺理根条 3~5 次，然后捆成小把，放木板上反复压搓，再继续晒（晾）干；也可用炭火炕干，炕内温度控制在 55℃ 以下，经常翻动，炕至根条柔软时，取出揉搓，再炕，同样反复数次直至炕干。搓过的党参根皮细、肉紧而饱满绵软，利于贮藏。整理党参时次数不宜过多，用力不要过大，否则会变成"油条"，降低质量。每次整理党参或搓擦党参后，必须摊晾，不能堆放，以免发酵影响品质。严禁用硫黄及同类产品熏蒸。

（一）鲜党参的分选

清除党参非药用部分，比如残枝、残茎等。挖伤的党参根应集中处理。

（二）鲜党参的净选

采挖党参尽可能选择晴天进行，挖取党参尽量抖尽泥土；若要进行清洗，则要注意尽量减少与水的接触时间，避免浸泡，建议采取淘洗的方法；净选后的党参按参体直径大小进行挑选、分级，并分别堆放，以便于进一步均匀干燥与揉搓。

（三）鲜党参的分级

合格的党参按直径、大小进行挑选、分级，并分别堆放，以便于进一步均匀干燥与揉搓。鲜党参分级标准见表13。

表13　鲜党参的分级标准

级　别	规　　格	备　注
特级	党参根直径 >2cm，参形完整，无破损。	鲜品
一级	党参根直径 1~2cm，参形完整，无破损。	鲜品
二级	党参根直径 0.5~1cm，参形完整，无破损。	鲜品
三级	党参根直径 <0.5cm，参形完整，无破损。	鲜品

（四）药材干燥

1.晾晒揉搓

将分级后的党参分别晾晒，按根头压根尾的方式摊开晾晒，当党参晾晒至参体发软时，用手握着党参的芦头部，另一只手向下顺揉搓数次，揉搓党参时不要用力过大。

2.再干燥

将揉搓好的党参以根头压根尾的方式按级别分别放入烘房，保持温度在45℃~50℃范围内，烘至参体皱缩，柔软且绕指不断时取出，再次揉搓数次。当参体变硬，折断较容易时，可判断已达到干燥要求。

（五）抽样检查

党参药材水分、灰分及浸出物检测方法参照《中华人民共和国药典》，质量控制要求见表14。

表14 党参药材抽检项目

项目	检查内容	标准	样品来源
水分检查	水分	≤ 12%	抽检
灰分检查	灰分	≤ 4%	抽检
浸出物	醇溶性浸出物	热浸法测定，45%乙醇为溶剂，不得少于55.0%	抽检

（六）包装

抽检合格后的党参药材用塑料薄膜袋包装，每袋装1kg；用编织袋包装，每袋装20kg。

（七）入库

经检验合格且包装标识齐全的党参药材存入库房。

（八）贮藏与养护

保持环境干燥、整洁，应加强仓储养护与规范管理，定期检查、翻垛，发现吸潮或初霉品或虫蛀，应及时进行通风、晾晒等处理，安全水分控制在13%~15%。在密闭条件下，人为地调控空气的组成，创造"低氧、高二氧化碳"环境，以抑制害虫及微生物的生长繁殖及党参药材自身的氧化反应，从而更好地达到杀虫防霉、防止油败变色等养护之效。

（九）运输

运输时，防止发生混淆、污染、异物混入、包装破损；不得与农药、化肥等其他有毒、有害的物质或易串味的物质混装。运载容器要具有较好的通气性，遇阴雨天气应注意防雨防潮。

第十一节 鱼腥草

一、概述

鱼腥草（*Houttuynia cordata* Thunb.）为三百草科（Saururaceae）蕺菜属（Houttuynia）多年生草本植物，又名折耳根、蕺儿根、侧耳根等。鱼腥草原名"蕺"，始载于《名医别录》，列为下品，其性微寒、味辛，具有清热解毒、消痈排脓、利尿通淋等功能，主要应用于肺痈吐脓、痰热喘咳、热痢、热淋、痈肿疮毒等症。通过化学成分分析，鱼腥草中主要含有挥发油、黄酮类、酚酸类、萜类、生物碱及维生素等多种化学成分，其主要活性成分为挥发油和黄酮类化合物。现代药理研究表明，鱼腥草具有显著的抗炎抑菌、抗病毒、抗肿瘤、保肝、抗氧化等活性。鱼腥草全株均可食用，且食用方式颇多，如传统的凉拌菜、干品、戒烟食品、减肥食品等。鱼腥草兼具药用价值和食用价值，是典型的食药两用型植物，极具开发潜力和经济价值，因其对环境的适应性强，市场效益好，人工栽培鱼腥草越来越广泛，当前贵州已成为我国鱼腥草种植面积最大的地区之一。

二、植物学特征

鱼腥草属双子叶多年生草本植物，株高 15~80cm，具有鱼腥味。植株半匍匐状，上部直立，下部伏地，地上茎多为紫红色，地下茎为白色。鱼腥草的根茎细长，具有明显的节，节上轮生须根，多横向生长，根茎上生不定根，腋芽萌发出土形成地上茎。叶为单叶互生，呈心形或卵形，长 3~10cm，宽 3~6cm，先端渐尖，全缘，叶为深绿色，光滑而平展，叶背为紫红色，叶脉呈放射状；叶柄长 1~4cm，托叶膜质条形，下部常与叶柄合成鞘状。穗状或总状花序生于茎上端，与叶对生，序梗基部有白色总苞片 4 枚，呈长圆形或倒卵形，长 1~1.5cm，宽约 0.6cm；花小而密集，为淡紫色，两性，无花被，雄蕊 3 枚，雌蕊 1 枚，花丝长度为花药的 3 倍，子房 1 室，侧膜胎座，蒴果为卵圆形，顶端开裂，长 2~3mm，顶端开裂，具宿存花柱。种子数多，为卵形。花期为 5~6 月，果期为 9~11 月。

三、生物学特征

鱼腥草喜温和的气候条件和湿润的土壤环境，怕霜冻，耐旱、耐涝、耐阴性较强，其生长的适宜温度为15℃~25℃，一般在12℃以上地下茎的休眠芽开始萌发，生长前期的适宜温度为15℃~25℃，地下根茎成熟期生长的适宜温度为20℃~25℃，在最低温度为−15℃的环境条件下，鱼腥草能够安全越冬。鱼腥草对土壤要求不高，砂土、壤土均可种植，在疏松肥沃的砂质壤土种植，鱼腥草根系品质好，根茎脆嫩粗壮，产量高且适口性强，最适宜的土壤pH值为6.5~7.0，在土壤保持田间最大持水量的80%左右，空气相对湿度为50%~80%都能正常生长。人工栽培鱼腥草一般在10月至次年3月，2~3月出苗，6~8月为旺长期，9月后地上茎叶生长逐渐减缓，11月后茎叶开始枯黄。栽培于黏质壤土上的鱼腥草在进入8月后生长减缓，栽培于砂质壤土上的9月还在旺盛生长。鱼腥草茎叶指标性成分甲基正壬酮的含量在4~5月即花期前最高，甲基正壬酮的田间总产量则以7~8月最高。在营养吸收方面，鱼腥草对钾的吸收量较多，每生产100kg干鱼腥草，约需吸收氮素1.615kg、P_2O_5 0.712kg、K_2O 3.486kg，氮磷钾肥料三要素的吸收比例大约为2：1：5。

四、繁殖技术

鱼腥草的繁殖方式有两种，一是有性繁殖，利用鱼腥草成熟的种子进行繁殖。二是无性繁殖，利用植株的营养器官进行繁殖。

（一）有性繁殖

在鱼腥草种苗繁育方式选择上若采用有性繁殖方式，则选用成熟种子进行繁殖。种子播种前需要对整理好的育苗地块开浅沟，深约5cm、宽8~10cm、行距20cm，用种量22.5~30.0kg/hm²撒播，播种之后覆细土约1cm，或者利用稻草、玉米秸秆进行覆盖，有利于出苗。实践表明采用鱼腥草种子进行繁殖，种子的萌发率为20%左右，当环境条件不利情况下其萌发率甚至更低，因此该方式不适用于大规模栽培。

（二）无性繁殖

无性繁殖是利用植株的营养器官进行繁殖，一般使用根茎繁殖、茎秆扦插繁殖等繁殖方法。

1. 茎秆扦插繁殖

剪取无病虫害、健壮的枝条作插穗，将其枝条剪成具有 3~4 节、长 6~10cm，扎成小把，用生物发酵菌液 100~500 倍液与浓度为 500mg/kg 的 5% 萘乙酸水剂混合均匀后浸泡 25~30 分钟，然后按行距 20cm、株距 10cm 扦插于砂壤土的育苗床上，插后浇水，采用遮光率 60% 以上的遮阴网覆盖，苗床保持湿度在 90% 以上。新叶长出后，在晴天下午撤除遮阴网，并结合进行浅中耕除草，在出苗期间的晴天下午或阴天用生物菌液 100~150 倍液喷施叶面 2~3 次，每隔 7 天进行一次，培育壮苗，提高移栽成活率。

2. 根茎繁殖

挑选健康不携带病害、虫伤的粗壮根茎，剪成长 5~10cm 的小段，每段确保有 2~3 个节茎，并有 3 条以上的根须。按行距 25cm、株距 5cm 栽植在种苗繁育田内，栽植后浇水、覆土、覆盖地膜保温保湿，土壤湿度保持在 70% 以上，出苗后再移除地膜。

五、种植技术

（一）地块选择

鱼腥草属于浅根作物，根茎主要分布在 25cm 以上的土壤中，收获鱼腥草除了可收获地上部分外还可以采挖地下根茎部分，因此宜选择土层深厚、土质肥沃、土壤疏松、有机质含量高、保水和透气性好的土壤种植，以选择疏松肥沃的沙土或沙质壤土种植为宜，土壤酸碱度以中性或微酸性为宜，避免连作。同时，地块要求在海拔 800m 以上、地势较为平坦，且坡度小于 15°、水源充足、排灌方便的地方，选地过程中应避免洼地和长期阴湿地块，地块土壤及周围水源未受到污染。值得注意的是，贵州地区存在不少的黏性泥土和水稻土，实践表明黏性重的泥土与干旱地不宜选用，否则不利于鱼腥草生长；水稻田或过于肥沃的土壤，虽利于鱼腥草生长，但其种植的鱼腥草药材味淡，缺乏鱼腥草特有的风味，尚可导致鱼腥草地上部分徒长，根茎生长不良。鱼腥草忌连作，鱼腥草一般连作 2~3 年后，需轮作，地块前茬作物可选择蔬菜或玉米等，以减轻病害发生。

（二）地块整理

选好地块后，不论是春季前还是春季后进行鱼腥草栽种，宜及时在冬季前进行整地。整地过程中，对地块中的杂草、残根、碎石、瓦砾等杂物进行人工清除，清除干净后，将土壤翻、耙、整平，做到地块疏松、平整，翻地时要进行深耕 25cm 以上。肥料充足是保障鱼腥草高产的基础，在翻地过程中最好施入一定量的底肥，为确保鱼腥草的品质，底肥以腐熟的有机肥为主，一般用量为每亩施用腐熟肥 2000~5000kg，同时配合施用复合肥 100kg，或油饼 40kg，或钙磷钾肥 40kg，或钾肥 10 kg，或适量草木灰。地块平整后按 130~200cm 作畦，值得注意的是，如果所选地块是坡地，需顺着坡向进行作畦，有利于排水，栽种鱼腥草的时候则横坡栽种，有利于保水保肥。作畦时控制畦高约 20cm，畦面四周开约 30cm 深的沟，相邻畦面距离约 30cm，以利于排水。栽种前在畦面上再开横宽 13~15cm、深 8~15cm 的播种沟，两播种沟间距离 20~30cm，备用。

（三）大田移栽

鱼腥草一年四季均可移栽种植，从节省劳动力出发，边采挖边种植，可选择在 9~12 月下种，以 10 月中旬最为适宜。如果提前备好种茎，在 1~2 月鱼腥草植株萌动前下种为宜。栽植过程中每 7~10cm 摆放一根种茎，然后覆土，浇透定根水。春季时，可在畦面的一侧沿着箱沟种植一行玉米，窝距 30~40cm，每窝 1~2 株，可为鱼腥草生长前期提供一定的遮阴环境，并提高土地利用率。根据种茎大小、粗细等不同，用种量 2000~7500kg/hm^2。鱼腥草作为食用蔬菜生产中，各地区在栽培鱼腥草时通常会根据鱼腥草市场价格、采挖时间和当地适宜气候条件不同而有一定差异，当鱼腥草种植面积比较大时，可适当错开种植时期，以调节收获上市时间。

（四）田间管理

1. 栽后覆盖

覆盖是鱼腥草栽培生产上比较常用的增产措施之一。在鱼腥草栽种结束后，可及时在畦面上薄盖一层稻草、玉米秸秆或者松针叶等，覆盖物厚度 2cm 左右即可。通过覆盖可有效减少土壤水分蒸发，起到保持土壤湿润的作用，特别是久旱时效果更为明显。亦可抑制杂草的滋生和蔓延，清除杂草与鱼腥草争夺养分和光照等，减少除草工作，同时减少土壤淋失，延缓土壤板结。经过一段时间覆盖物腐烂后可增加土壤肥力，降低化肥用量，该措施也符合"低碳"环保理念。在冬季进行覆盖有利于减小土壤温差，起到保温效果，降低霜冻对鱼腥草种苗的损伤。覆盖结束后应适时适当浇水，保持土壤湿润，如果土壤比较湿润则不用浇水。随着人们饮食消费习惯的改变，越来越多的人接受和喜爱上吃鱼腥草，特别是嫩茎是较受追捧的食材选择。秋冬季节往往价格较高，为了能在生产上做到提前出芽上市，可以在秋季种植鱼腥草后用地膜进行覆盖，当平均温度达到15℃时要及时揭开地膜，研究表明该方式可以让鱼腥草提前20天出土，在早春上市，提高经济效应。

2. 水分管理

鱼腥草耐旱、耐涝性强，但总体上还是喜潮湿怕积水。鱼腥草种植后在出苗前要保持土壤湿润，土壤含水量约70%，可有效保证成活率，自鱼腥草出苗后至整个生长发育时期对水分需求量相对还是比较大的，保持土壤湿润，有利于促进鱼腥草旺盛生长。虽然贵州降雨量较为充沛，但也要注意持续干旱达到5天就要及时做到早晚适量浇水，干旱导致土壤干燥，鱼腥草生长会减缓，其地下根茎会长得比较纤细、须根多，产量低、质量差。切记勿采用漫灌方式，容易造成土壤板结，最好采取浸灌或浇灌，水不上畦面，有条件的地方可采用喷灌或滴灌的方式。保持土壤湿润的同时也要保证畦面不积水，因此要做好鱼腥草整个生育期内的排水工作，特别是大雨之后要注意清沟排水防涝，防止积水，土壤积水容易引起鱼腥草烂根或生长不良，甚至出现死棵现象。

3. 中耕除草

保持土壤湿润、肥沃，杂草极易滋生。杂草在鱼腥草生长过程中会争夺土壤养分，同时造成鱼腥草行间通透性差，极易引起各种病害发生。鱼腥草根系较浅，且匍匐生长，宜人工用手拔除，若采用锄头进行除草，要避免伤及根苗。入春后，杂草开始大量生长，鱼腥草从出芽到封行周期较短，因此杂草对鱼腥草的危害主要集中在封行前，尤其是种植前期，鱼腥草植株较小，行间隙较大，杂草生长相对较快，应及时拔除或者用小锄铲除。前期杂草管控好，鱼腥草生长封后不用除草即可。进入雨季，大雨过后土壤容易板结，可适时进行浅中耕松土，中耕结合除草、追肥，一般2~3次即可。

4.中期追肥

鱼腥草喜肥，研究表明氮、磷、钾都能显著影响其产量与质量。生产过程中要根据鱼腥草的用途和各个生长发育时期需肥特征进行相应的追肥管理，追肥要做到少量多次，勤施薄施，一般追肥2~3次。现在各地土壤肥力相对过剩，在利用前茬作物残留营养元素的同时要施足底肥，一般不用做过多追肥即可满足鱼腥草全生长周期营养需求，仅在干旱时可适时施用稀薄发酵的人畜粪水。生产上鱼腥草用肥以氮、钾为主，对磷的用量相对较少，其中钾肥对根茎的形成和香味的提高尤为重要。鱼腥草苗期需要尽快促进出苗和出苗整齐，可采用浇施适量腐熟人畜清粪尿提苗，或结合浇水追施一定的尿素，一般每亩约7.5kg。4~6月鱼腥草地上茎叶进入旺盛生长时期，对氮肥需求量增加，可在4月上中旬择机施用一定量的尿素，以腐熟人畜粪尿为主，适当加入无机氮肥和钾肥。当鱼腥草生长旺盛封行后，可通过叶面喷施0.1%~0.2%的磷酸二氢钾的方式为鱼腥草补充钾肥，提高鱼腥草品质，钾肥喷施可以每隔1周进行一次，连续 2~3 次即可。追肥最好是在阴天或者小雨天气，尽量减少肥料对植株叶片的伤害。注意采收前 30 天内禁施任何肥料。鱼腥草属多年生植物，在每年收割结束后，结合除草松土追肥，为来年萌芽打好基础。

5. 摘心打蕾

鱼腥草作为药食两用的植物，不同用途决定不同的管理方式。摘心和打蕾的主要目的是避免鱼腥草在生长期间地上部分生长过盛或者是开花消耗养分，从而抑制地下根茎的生长。鱼腥草作为蔬菜进行生产时，在生产过程中，当鱼腥草地上部分茎叶生长过于旺盛时，要进行摘心，开花阶段要及时打蕾，促进地下茎生长。打蕾与摘心的最佳时期是花蕾饱满而花瓣未绽开时。鱼腥草作为药材进行生产时，则不必摘心打蕾。

六、病虫草害防控技术

鱼腥草抗病虫害能力较强，在种植过程中做到种茎种苗健康，合理密植，水分管控适当，忌连作，很少会出现病虫害，一般无须进行喷施药剂进行防治，但有时也会出现一些病虫害危害植株生长。

1. 根腐病

鱼腥草出现根腐病一般多从根尖开始发病，初生褐色不规则形小斑点，后变黑色，病斑逐渐扩大，最后根系腐烂枯死，以致地上部分枝叶片卷缩。应注意清园整地，实行轮作，排除田间积水预防；栽种时用 50% 多菌灵 800 倍液浸泡种茎 30 分钟；发病初期可用波尔多液每隔 7~10 天在晴天时喷施 1 次，连续喷施 3 次，或用 50% 多菌灵 500 倍液，或 70% 甲基硫菌灵 1000 倍液浇根；拔除病株并予烧毁；用 70% 甲基托布津 1000 倍液，或 25% 甲基立枯灵 1000 倍液灌病穴，以防蔓延。如已发生根腐病，应立即拔除病株烧毁，并用石灰液消毒病穴，以防止蔓延。

2. 白绢病

白绢病主要为害鱼腥草植株茎基部及根茎。受害植株叶片黄化萎蔫，茎基及根茎出现黄褐色至褐色软腐，有明显白色绢丝状菌丝，同时产生很多油菜籽状棕褐色的菌核，后期病部表面及附近土中则产生大量油菜状菌核，以致病株茎叶迅速凋萎，全株死亡。防治方法：应注意排水防涝，增施磷钾肥，加强田间管理，提高植株抗病力。当发现病株要带土移出烧毁，病穴撒施石灰粉消毒，四周植株浇灌 50% 多菌灵、70% 甲基托布津可湿性粉剂 500~1000 倍液或用 20% 三唑铜 1500 倍液，10~15 天进行 1 次，连续 2~3 次。如果出现发病率 10%~20%，在发病初期要及时拔除病株，可用 40% 菌核净可湿性粉剂 800 倍液或 1% 硫酸铜溶液灌根，或用 50% 甲基托布津可湿性粉剂 600~800 倍液，或 50% 扑菌特可湿性粉剂 1200 倍液，或 20% 甲基立枯磷乳油 1000 倍液喷洒植株，交替用药，防治 2~3 次，隔 7~15 天一次，采收前 10 天停止用药。

3. 紫斑病

紫斑病一般为害鱼腥草的叶片，发病初期，病斑呈圆形、淡紫色、稍凹陷；潮湿时病斑上出现黑霉，并有明显的同心轮纹，时间长了以后几个病斑连成不规则形大斑，以致造成叶片枯死。防治方法：发病地进行秋季深耕，把表土翻入土内，不连作；仔细搜集病株加以烧毁，播种时和出苗后，利用多抗霉素、抗霉菌素120或木霉浸种根和田间喷雾防治；发病初期，喷洒1：1：160的波尔多液或70%代森锰锌500倍液2~3次。

4. 叶斑病

在鱼腥草生长中、后期经常发生叶斑病，叶斑病主要为害鱼腥草的叶片。发病时，叶面出现不规则形或圆形病斑，边缘呈紫红色，中间呈灰白色，上生浅灰色霉。严重时，几个病斑融合在一起，病斑中心有时穿孔，以致叶片局部或全部枯死。防治方法：实行轮作，最好水旱轮作；种植前，用50%多菌灵800倍液浸泡种茎30分钟进行消毒；发病时，用50%托布津800~1000倍液或70%代森锌400~600倍液喷治。

5. 小地老虎

小地老虎以幼虫为害鱼腥草的幼苗。低龄小地老虎咬食鱼腥草的幼苗嫩叶，呈凹斑、孔洞和缺刻；3龄以后小地老虎潜入土表，咬断根、地下茎或近地面的嫩茎，危害严重时造成缺苗断垄。防治方法：每亩可以采用幼嫩杂草30kg混合90%晶体敌百虫150g，傍晚撒于地面诱杀；也可用50%辛硫磷乳油800倍灌根；成虫则采用糖：醋：白酒：水：90%晶体敌百虫为6：3：1：10：1液进行田间诱杀；在成虫羽化盛期安装黑光灯诱杀成虫。

6. 红蜘蛛

红蜘蛛主要为害鱼腥草幼嫩的叶片，刺吸嫩叶的汁液，被害叶片出现许多粉绿色或灰白色小点，植株光合作用降低，为害严重时造成植株叶片大量脱落。防治方法：主要采用药剂防治红蜘蛛，发生初期用1.8%阿维菌素乳油2500~3000倍液与40%哒螨·乙螨唑悬浮剂3000倍液交替喷施防治，两种药剂防治时间隔7天。

7. 杂草

鱼腥草行间杂草可以采用化学防除和人工除草相结合的方式。化学防除可在鱼腥草种植后出芽前杂草2~3叶期时进行，每亩地使用50%敌草隆100g加5%精喹禾灵60g，或者50%敌草隆100g进行防治。

七、留种技术

鱼腥草的繁殖方式有两种，分别为有性繁殖和无性繁殖，其中有性繁殖用种子繁殖，无性繁殖用根茎繁殖。通常情况下鱼腥草生产中主要采用地下根茎作为无性繁殖材料进行繁殖。如果采用种子繁殖方式进行繁殖，需在种植前做好种子准备工作，在自然状态下，鱼腥草种子成熟时颜色为棕黑色，采收种子时，需摘下已成熟种子的花序，将它晾干后，即可备用。如果采用种茎繁殖的方式进行繁殖，需在种植前做好鱼腥草种茎准备工作，在采挖鱼腥草的地下根茎过程中，应先割去地上部分，再挖取地下根茎，作为种茎的鱼腥草根茎可留取其中品相不佳的部分，因鱼腥草地下根茎的萌发力很强，可以结合采挖，随挖随种，也可以假植成活后再移栽。根据栽种时间根茎选择有所不同，秋冬季进行栽种时，在采挖时选粗壮肥大、根系发达的地下茎作种；（早）春播种的在头年冬季地上部枯萎时挖取种茎，与湿沙混合后自然越冬。播种前将种茎从节间处剪成 4~20cm 长的段，种茎数量多的可长一点，反之则短一点，但每段至少保证 2~3 个芽。种茎一定要选用无病种茎，栽种时可用 50% 多菌灵 800 倍液浸泡种茎 30 分钟，减少携带病菌。

八、加工技术

作为蔬菜食用的鱼腥草采收没有严格的时期限制，全年均可采收，根据市场行情可分批采收，以地上部分嫩茎叶作为鲜食蔬菜的，可在鱼腥草生长 25 天后、苗高 8~10cm 后就可采收，以后每隔 10~20 天采收 1 次。以地下茎可作为蔬菜食用，可在秋冬季节的 11 月至次年 1~2 月采收根茎，此时鱼腥草地下根茎产量高、营养丰富、口感最为脆嫩。采收时为了保证根茎完整性、减少断根，应根据田块走向进行采收。先用镰刀将地上茎叶部分清除，再在畦面以 40cm 左右距离为 1 行，用铁铲入土 20cm 将土中根茎铲断，然后用钉耙从该断口处入土，将整块连根带土翻出，抖落泥土，收集根茎装袋，运至水边清洗干净，晾干外表水分，用编织袋包装后即可上市。值得注意的是，鲜食鱼腥草贮藏时间不宜过长，也不宜远距离运输，常温状态下贮藏 1 天后易褐变，最好低温冷藏。

作药用的鱼腥草，采收时期要尽量保证鱼腥草的药用价值。以提取鱼腥草挥发油为目的时，宜在花穗多、生长旺盛、腥气味最浓的 5~6 月天气晴好时采收。以保证鱼腥草有效成分总产量为目的时，8~9 月采收为宜，此时产量高、质量优。因此，鱼腥草作为药用植物进行采收，可以在 5~6 月先采收一次地上茎叶，9~10 月再收获全草。采收时，先用刀割取地上部茎叶，再连根挖起。实践表明鱼腥草种植当年只可采收 1 次，可在 9~10 月采收，第 2 年可分别在 5~6 月和 9~10 月进行采收。鱼腥草收割后，应及时晒干或烘干，避免堆沤和雨淋受潮霉变。以淡红紫色、茎叶完整、无泥土等杂质者为佳。

第十二节　金钗石斛与铁皮石斛

一、概述

石斛是我国名贵常用中药材，以新鲜或干燥的茎入药，始载于《神农本草经》，列为上品，称其"主伤中，除痹，下气，补五脏，虚劳羸瘦，强阴。久服厚肠胃，轻身，延年"。历版《中国药典》均有收载，性味甘，微寒。归胃、肾经。具有益胃生津，滋阴清热之功效。用于热病津伤、口干烦渴、胃阴不足、食少干呕、病后虚热不退、阴虚火旺、骨蒸劳热、目暗不明、筋骨痿软等症。现代药理学研究石斛还具有抗衰老、抗肿瘤、降低血糖等作用。在《中国植物志》（1995 年版）中，记载贵州有 16 种石斛属植物，其中以金钗石斛（Dendrobium nobile Lindl.）和铁皮石斛（Dendrobium officinale Kimura et Migo）最为出名、种植面积最大。截至 2020 年 12 月底，贵州已种植石斛面积超过 19 万亩，其中金钗石斛 10 万多亩，铁皮石斛 8 万多亩。金钗石斛分布范围较狭窄，主要分布在赤水河流域，赤水也是全国最大的金钗石斛生产基地，种植品种主要是贵州大学、赤水市信天中药产业开发有限公司共同选育的"赤钗1号"新品种（编号：黔认20210006）。铁皮石斛在贵州黔南、黔西南等地有野生分布，追溯到明代就有关于贵州铁皮石斛作为地方土特产、道地特色药材的历史文献记载。近年来，贵州农村产业革命大力发展金钗石斛与铁皮石斛，黔西南州兴义市和安龙县、黔南州荔波县、铜仁市沿河县、黔东南州锦屏县均有标准化规模化的仿野生附树栽培。锦屏县铁皮石斛仿野生附树种植面积超过1万亩（2018年开始人工种植），种植品种从浙江雁荡山产区铁皮石斛种群中选出，经贵州大学石斛研究院、贵州铁枫堂生态石斛有限公司对其植物形态、遗传多样性、药材性状、有效成分含量进行鉴定分析，组织培养育苗驯化、种植推广，并通过贵州省2021年第一批中药材新品种认定，命名为"锦斛1号"（编号：黔认20210012）。同批通过认定的铁皮石斛品种还有"贵斛1号"（编号：黔认20210010）、"黔斛1号"（编号：黔认20210011）。

二、植物学特征

（一）金钗石斛：茎丛生，直立，粗壮，高10cm～60cm，直径达1.3cm，呈黄绿色，上部稍扁而略成"之"字形弯曲，具纵槽纹，有节，节略粗，基部收缩，膨大成蛇头或卵球形。单叶互生，3～5片生于茎的上端，叶近革质，呈狭长椭圆形或近披针形，先端有2圆裂，叶脉平行，全缘，叶鞘紧附于节间；无柄；老茎上部常分生侧枝（俗称"龙抱柱"），侧枝基部长有气生根。总状花序，腋生，花大，直径达8cm，一般生1～4朵，下垂，花萼及花瓣呈白色带紫色或淡紫色，先端为紫红色；萼片3片，中央1片离生，两侧1对基部斜生于蕊柱足上，几相等，呈长圆形，先端急尖或钝，萼囊短钝；花瓣呈椭圆形，与萼片等大，顶端钝；唇瓣宽卵状矩圆形，比萼片略短，宽约2.8cm，具短爪，两面被毛，唇盘上面具1个紫斑；蕊柱长6～7cm，连足部长约12cm；雄蕊呈圆锥状，花药2室，花粉4，蜡质。蒴果，种子多而细小如粉末。花期为4～6月，果期为6～8月。

（二）铁皮石斛：茎丛生，呈圆柱形，高5～40cm，直径0.2～0.4cm，节间长1～6cm，呈铁灰色或灰绿色，有明显光泽而黑褐色的小节，故有铁皮石斛或黑节草之名。叶生于茎的上端，为纸质、矩圆状披针形，长4～7cm，宽1～1.5cm，先端略钩转，边缘和中脉呈淡紫色；叶鞘呈灰白色，膜质，稍带紫色斑点，鞘口开张，抱茎不超过上一节，常与节留下一个环状间隙，节上呈深铁灰色。总状花序，常生于无叶的茎上端，长2cm～4cm，呈回折状弯曲，生花2～5朵，呈淡黄色，稍有香气；花苞片呈淡白色，花被片呈黄绿色，长约1.8cm，中萼片和花瓣相似，为短圆状披针形，侧萼片镰状三角形，萼囊明显；唇瓣卵状披针形，反折，比萼片略短；不裂或不明显裂开，基部边缘内卷并有一个胼胝体，先端急尖，边缘波状，唇盘被乳突状毛，具紫红色斑点。花期、果期同金钗石斛。

三、生物学特性

石斛栽培以肥沃疏松而保湿通气的砂砾地为宜，栽种地要有苔藓且湿润，尤其是砂质岩石相对集中，有一定的面积，而且阴暗湿润，岩石上长有苔藓，周围有一定阔叶树作为遮阴树的地方是发展石斛生产是最佳境地。石斛喜温和阴凉、湿润的气候。冬干夏湿，适宜在大陆性气候地带、海拔高1500~2500m的地区生长，年平均降雨量900~1200mm。温度要求最低月平均气温2.1℃~2.3℃，年平均气温10℃~12℃，积温3000℃~4200℃。郁闭度要求在60%~80%，空气相对湿度为75%~80%之间为好。

金钗石斛：适宜生长在海拔300~800m，冬季气温大于0℃，年平均气温大于18℃，6~8月气温大于32℃，年均湿度大于80%，年降雨量大于1200mm，无霜期大于300天，遮阴度大于55%~70%的半阴半阳环境。金钗石斛是多年生的中药材，从第三年开始采收，传统的采收年限是15年。赤水市是中国绿色生态金钗石斛之乡，常见于海拔300~600m、温度18℃~21℃、空气湿度80%以上、降雨量1000mm以上、无霜期250~300天，有水、有树、有石头的区域。

铁皮石斛：生长于海拔500至1000m，相对湿度在60%~80%，林间透光度在60%左右，生长季节温度为20℃~25℃，冬季无霜多雾，年降雨量在1100~1500mm的常绿阔叶林及石灰岩上。铁皮石斛是多年生中药材，从第三年开始采收，传统的采收年限是十年。

四、繁殖技术

（一）分株繁殖

在春季或秋季进行，以3月底或4月初石斛发芽前为好。选择长势良好、无病虫害、根系发达、萌芽多的1—2年生植株作为种株，将其连根拔起，除去枯枝和断枝，剪掉过长的须根，老根保留3cm左右，按茎数的多少分成若干丛，每丛须有茎4～5枝，即可作为种茎。

（二）扦插繁殖

在春季或夏季进行，以5～6月为好。选取三年生、生长健壮的植株，取其饱满圆润茎段，每段保留4～5个节，长15～25cm，插于蛭石或河沙中，深度以茎不倒为度，待其茎上腋芽萌发，长出白色气生根即可移栽。一般在选材时，多以上部茎段为主，因其具顶端优势，成活率高，萌芽数多，生长发育快。

（三）高芽繁殖

多在春季或夏季进行，以夏季为主。三年生以上的石斛植株，每年茎上都要萌发腋芽，也叫高芽，并长出气生根，成为小苗，当长到5～7cm时，即可将其割下进行移栽。

（四）种子组培快繁

以蒴果（种子）为外植体，金钗石斛组培快繁技术要点为：赤水金钗石斛蒴果（11月中旬后采集）中的种子接种在1/2MS培养基，培养温度25℃±1℃，光照强度1800Lx，光照时间10小时/天。其培养基以pH值5.5，接种密度12株/瓶（瓶底直径7cm）为宜；组培苗的炼苗基质以腐熟锯木屑，炼苗基质的水分含量以控制在

45%～75%为宜；炼苗基肥以选择饼肥，炼苗期根外追肥以多元素复合肥和磷酸二氢钾套施为宜。

五、种植技术

（一）金钗石斛栽培管理技术

1. 选地与整地

选地：选场地必须把握四点：一有丹霞石（紫色砂页岩）、二有水源、三有树林遮阴、四是冬天不能积雪。

整地：金钗石斛多为林下栽种，树林郁闭度大的要适当疏林；林地中的灌丛杂草、枯枝落叶要清除干净；石头上的杂草、藤蔓要清除掉，保持栽种场地整洁清爽。

2. 种苗选用

选用组培苗或二次驯化苗，计量单位为丛，1丛为1个主茎带1~2个分枝芽，主茎高度15cm以上，茎粗0.4cm以上，外观健壮，根系发达，整株无损伤。

3. 栽种时间及密度

金钗石斛全年可栽种，以每年3~5月为宜，9~11月次之。生产上按30cm×30cm的行窝距栽种，每窝栽1丛。

4. 栽种方法

采用"线卡＋腐熟牛粪浆＋活苔藓盖根"法，准备好栽种用的材料，将栽苗点局部的苔藓抠掉，再将苗的根须和基部贴于石面用线卡固定好，根系要自然伸展。如果线卡固定在植株的基部，会盖住基部，严重影响基部萌发新芽和新根，所以要求线卡固定在苗主茎基部以上的 1.5~2.5cm 处，固定整株种苗。最后用活的苔藓轻轻贴于植株根部保湿，提高成活率。

5. 田间管理

（1）水分管理：石斛水分管理非常重要，在栽苗的同时，要同步修建蓄水池，安装喷灌管网，一般 100 亩建 1 个 30 立方米水池，1 亩地安装 13~15 个喷头。春季和秋季栽种后，如遇到连续晴天，在早上喷水 10~20 分钟；夏季温度较高，要每天早上和傍晚各喷水一次，时间为 20 分钟左右，形成高湿小环境；冬季一般不用浇水。

（2）光照管理：石斛光照管理在生产上就是遮阴管理，通常采用林木或遮阳网遮阴。成活前遮阴率一般控制在 70% 以上，成活后控制在 55% 左右。有林木遮阴的，在夏秋季节树叶繁茂时，要适当疏枝剪叶，以免过于遮阴，妨碍石斛接受光照和雨露。没有林木遮阴的，必须采用 75% 以上遮阳网遮阴。春季和秋季栽苗后，如遇连晴天气，须遮阴；夏季温度较高，要每天遮阴；冬季一般不用遮阴。

（3）除草、落叶、苔藓：金钗石斛栽种后，由于环境、肥水、生态等条件改善，容易滋生杂草，因此，每年要进行 2~3 次拔除杂草，要将根际周围的泥土、落叶清除干净，特别是在多雨季节，大量腐叶、浮泥对根的透气性影响很大，必须随时清除，清除过程中要特别注意两点：一是高温季节不宜除草，以免暴晒，不利生长；二是不要伤根，降低金钗石斛的生存力，影响石斛产量及品质。一定要注意苔藓的生长量，以不积水为度。

（4）修剪及肥料管理：金钗石斛栽种后，在每年春季萌发前或冬季采收后，将部分老茎、枯茎或部分生长过密的植株剪掉，调节其透光程度，以免过度遮蔽影响其正常生长。金钗石斛栽苗后到成活时段一般不施肥，但成活后可适当增施有机肥，早春和早秋各施肥 1~2 次。

（二）铁皮石斛栽培管理技术

1. 选地与整地

铁皮石斛栽培宜选择半阴半阳的环境，空气湿度在 70% 以上，冬季气温在 0℃ 以上的地区，栽培时应选择树体水分较多、树干直径适中、树皮较厚、有较多纵裂沟纹、树冠茂盛、树皮不会自然脱落、易于管理的树种作为铁皮石斛的附主。对于石质山地、林地，应选择气候、水源等条件要求同上，最好选择有原生或次生林生长条件，喀斯特石质山地，区域内水源充足，种植区域因林分密度过稀可适当增加人工遮阴。

2. 铁皮石斛的栽培模式

铁皮石斛常见的栽培方式比较多，可因地制宜，就地取材，主要分为大棚栽培、附石栽培、贴树栽培、盆栽四种模式。

（1）大棚栽培。大棚栽培方式是铁皮石斛种植应用最广泛的一种栽培方式，采用温室或塑料薄膜，以松树皮和木屑作为主要的栽培基质，配备遮阴网、人工智能喷雾和施水，能够很好地控制铁皮石斛生长环境的温度和湿度。

（2）附石栽培。是近几年一种仿照野生铁皮石斛自然生长条件的栽培方式，4~9 月，铁皮石斛移栽于布满鲜活苔藓植物的石灰岩表面，以苔藓作为生长基质，配备遮阴网，人工施水，使铁皮石斛附生在岩石上生长的一种栽培方式，主要适应在石质山区。

石质山地定植技术：定植以石面、石缝、石沟为定植地，苗木根际以下部分包裹少许苔藓或水苔，并就地压实或增加石块压实根系，间距20cm，栽培密度每亩2000~3000丛，每丛3~5株，定植时间3~4月。

（3）贴树栽培。是仿照野生环境的栽培方式，4~9月，将炼苗驯化1~1.5年幼苗固定于离地面高1.2~2m的树干上（健壮、无病害），层距25~35cm，每层丛距4~6cm。此法利用大自然的雨、雾、露代替人工施水，主要适用沿河、沿江沟谷地带。贴树栽培的定植方式有：

①螺旋绑：铁皮石斛种苗在栽培基质上生长8~10个月后取出，用带状物将种苗螺旋环绕树干绑定，带状物宽度为2~3cm，捆绑种苗的位置为种苗根际以下2cm，螺旋间距为35~40cm，树干定植高度为1.2~2.5m，种苗间距视树干胸径而定，树干胸径为5cm，每周绑定3~4丛，每丛3~5株；树干胸径6~15cm，每周绑定5~6丛，每丛3~5株；树干胸径15cm以上，种苗数量为纵向间距20cm每丛，每丛3~5株。

②环节绑植：用带状物环树干绑定，每轮视树干大小而定，通常株距10cm左右，行距15cm以上。

③其他方法：通过线卡直接钉，以及利用树杈、石缝等直接附植，以均匀分布的原则布植。

（4）盆栽。盆栽模式是采用花盆，以树皮作为栽培基质，配备遮阴网、喷雾和施水设施的一种栽培模式。

3. 田间管理

（1）供水管理：早春及夏季每天中午 11 点前或下午 4 点后进行一次喷水；水体为山泉水或井水，水体清澈、无农药残留、无污染且 pH 值为 6.5~6.8。

（2）施肥管理：每次喷水结束的同时喷施一次微生物菌剂，或每周喷施一次植物源农药。

（3）温度管理：铁皮石斛的适宜生长温度为 15℃~28℃，因而为营建适宜其生长的温度环境，在夏季温度高时，大棚内须加强通风散热，通过遮阴棚、喷雾降温、通风降温等方式调控棚内温度在一个适宜的范围内；在冬季气温低时，将大棚密封好，必要时可通过各种加热方式使得棚内温度上升，以防冻伤植株。

（4）光照管理：铁皮石斛喜阴，应采用遮阴措施以降低光照。生长期的铁皮石斛遮阴度以 60% 左右为宜。幼苗刚定植完成时，大棚须盖有 70% 遮阴度以上的遮阴网，以防强光曝晒导致幼苗萎蔫，影响成活。高温、高强光的夏、秋季，大棚的遮荫网须盖好、盖牢，因为高强光很容易让植株提早封顶，长不高，影响产量。冬季应适当揭开遮阴棚以利透光，延长生长期。

（5）水分与湿度管理：水分管理是铁皮石斛栽培过程中的关键环节之一。刚移栽的石斛苗对水分最敏感，此时应控制基质的含水量在 60%~70% 为宜，具体操作时以手抓基质有湿感但不滴水为宜。移栽后 7 天内（幼苗尚未发新根）空气湿度保持在 90% 左右，7 天后，植株开始长出新根，空气湿度保持在 70%~80%。

夏秋高温季节则尽量控制水分，以基质含水量在 40%~50% 为宜；进入 11 月以后，气温逐渐降低，温度在 10℃以下时，铁皮石斛基本停止生长，进入休眠状态，此时对水分的要求很低，应控制基质含水量在 30% 以内。

六、病虫草害防控技术

遵循"预防为主，综合防治"的植保方针，加强植物检疫。利用农业防治、物理防治、生物防治、化学防治等综合技术措施，把病虫害控制在允许范围内。在病虫害防治过程中，禁止使用或混合使用化学合成农药，允许使用微生物源、植物源和天然提取物的有机标准允许使用的植保产品，喷淋植物源生物碱类或木霉属菌素药剂预防病害发生。

（1）主要防控方法为生物防治和植物源农药进行，具体病虫害和防治措施

灰霉病、菌核病，可喷施木霉菌（推荐 600~800 倍喷灌，1200~1500 倍根施。在开采后使用）、氧化亚铜（推荐 4500~6000 倍稀释使用，病害发生及未开采前使用）进行控制；疫病、根腐病、炭疽病、煤污病，可喷施木霉菌、氧化亚铜、寡糖链蛋白、寡雄腐霉菌进行控制；霜霉病、白绢病、软腐病、茎腐病，可喷施枯草芽孢杆菌（推荐 600~800 倍喷灌，1200~1500 倍根施，在开采后施用）、寡糖链蛋白与寡雄腐霉菌进行控制。

（2）石斛生产过程中主要虫害及防治措施

介壳虫，可用竹醋防治；蜗牛和蛞蝓，可在苗床边缘及苗床外

部撒生石灰，视发生情况喷施茶皂素或者茶枯进行防治；斜纹叶蛾、小地老虎、蝼蛄，可用脂肪酸盐、苏云金杆菌或除虫菊素防治幼虫；蚜虫、螨类，可用脂肪酸盐、二氧化硅、除虫菊素、黄板实现防治；金龟子、蓟马，可在棚外和棚内用杀虫灯或者黄板防治成虫，结合脂肪酸盐、苏云金杆菌或除虫菊素实现综合防治。

七、留种技术

石斛多采用茎段进行无性繁殖或石斛果实进行组培。

茎段留种：用茎段进行无性繁殖时，应选用无病、健壮的植株作为种株，选择带有叶片的一年生茎段，在秋末或初春从植株上剪下，随剪随用。

种子留种：用种子进行组培繁殖时，应选择生长旺盛、品种特征典型的无变异植株，在植株开花时进行人工辅助授粉，授粉后套袋以防串粉，待果实成熟后采收果实，用透气的纸信封装好，放在温度为5℃的冰箱中保存，为组培快繁做准备。

八、加工技术

（一）金钗石斛

金钗石斛采收全年均可进行，最佳采收期为10~12月。用剪刀从石斛茎基部将老枝条剪割下来，留下嫩茎，采收时勿伤根伤嫩株，采收后加强田间管理，促进其更新生长。采收后的金钗石斛需要除去杂质：先用稻壳搓，使其叶鞘脱落，然后砾炒，直到听到爆鸣声，茎成金黄色，取出，放凉，用水洗净稻壳、沙子或叶鞘后，自然晾干或低温烘干。

（二）铁皮石斛

11月至翌年3月采收，最佳采收时间为1月，鲜条适时采收，铁皮石斛采收应采老留嫩，选择晴天，剪下20个月以上生长期的地上部分鲜枝，除去杂质，剪去部分须根，边加热边扭成螺旋形或弹簧状，烘干，习称"铁皮枫斗"（耳环石斛）；切成段，干燥或低温烘干，习称"铁皮石斛"。石斛放在阴凉、通风、干燥地方贮藏，鲜条适宜低温保存，保存时间不宜超过1个月，贮藏过程要注意防虫、防鼠、防污染。鲜品通过除杂、切段后于60℃以下低温烘干，确保含水量约为11%。干品置于通风干燥处贮藏，并注意防潮。

参考文献

［1］陈晨，张德春，胡胜，李友志，姜治国，杨敬元，梁宏伟.白及愈伤组织诱导及植株再生［J］.分子植物育种，2021(09):1-11.

［2］李雪营，林先燕，梁黔生，孙晓惠，刘义伟.不同炮制方法对白及多糖含量的影响［J］.海峡药学，2021，33(02):51-52.

［3］王红梅.白及种植［J］.云南农业，2021(02).

［4］邓金华，杨超越，龙琼，朱允吉，龚勇林，杨礼南.白及的药效及药理特点分析［J］.贵州农机化，2020(03):9-14.

［5］张泽，杨宝明，李永平，王桂渝，戴烽，王琦.白及绿色高产栽培技术［J］.云南农业科技，2020(04):40-41.

［6］杨帆，熊鹏飞，王勇，郑听.白及种子直播繁育方法研究综述［J］.现代园艺，2020，43(13):46-217.

［7］何永鹏，罗兴忠，封海东，张泽志，周军.白及组织培养与驯化栽培技术研究［J］.现代园艺，2020，43(11):32-33.

［8］杜家清.白及的特征特性与栽培技术［J］.现代农业科技，2019(19).

［9］黎斌，苏伟光，张燕，陆博，王宇超.白及种子大田直播繁殖技术［J］.现代农业科技，2019(16):81-82.

［10］潘仕忠.白及的高产栽培技术［J］.农民致富之友，2019(14).

［11］国家中医药管理局，《中华本草》编委会.中华本草［M］.上海：上海科学技术出版社，1999.

［12］国家药典委员会.中华人民共和国药典（一部）［M］.北京：中国医药科技出版社，2020.

［13］杨小翔，冉懋雄，赵致.贵州地道特色药材规范化生产技术与基地建设［M］.北京：科学出版社，2020.

［14］杨继祥，田义新.药用植物栽培学（第二版）［M］.北京：中国农业出版社，2004.

［15］郭巧生.药用植物栽培学（第3版）［M］.北京：高等教育出版社，2020.

［16］贵州大学农学院.贵州特色农业产业实用技术手册.贵阳：贵州大学出版社，2020.

［17］赵致.何首乌研究［M］.北京：科学出版社，2013.

［18］吴卫，郑有良，杨瑞武等.重壤土上鱼腥草干物质积累研究［J］.中药材，2002，25(1): 5-8.

［19］吴卫，郑有良，杨瑞武等.鱼腥草氮磷钾营养吸收和累计特性初探［J］.中国中药杂志，2001，26(10): 676-678.

［20］胡继田，赵致，王华磊等.不同水肥处理对何首乌几个栽培生理指标的影响研究［J］.时珍国医国药，2012，11:2863-2866.

［21］陈松树，赵致，王华磊，刘红昌，罗春丽，李金玲，罗夫来，黄明进，李龙进，蒙万虎.不同生长年限的贵州党参质量和矿质元素分析［J］.时珍国医国药，2020，31(06):1461-

1463.

［22］罗春丽，陈海昕，王文娟，赵致．不同工艺制备米党参抗应激反应及质量对比研究［J］．中国现代中药，2016，18(04):501-504.

［23］潘绿昌，赵致，何云等．基于SRAP分子标记的贵州5种忍冬属药用植物遗传多样性分析［J］．南方农业学报，2018，49(12): 2349-2355.

［24］林绍霞，曾宪平，林昌虎，肖致强．钩藤种植对贵州黄壤土壤性状影响研究［J］．中国农学通报，2020，36(28):118-123.

［25］陈小均，陈文，黄露，杨仟，龙明成，任绣娟，莫章刑，何海永，吴石平．贵州剑河钩藤主要病虫害种类及综合防治［J］．江苏农业科学，2020，48(12):84-87.

［26］刘帮艳，李金玲，曹国璠，郑昕，李永乔，赵致，王华磊．高海拔环境太子参生物量、药用成分及矿质元素的动态变化［J］．江苏农业科学，2018，46(09):132-136.

［27］刘帮艳，李金玲，曹国璠，郑昕，何兵，赵致，王华磊．不同养分条件下太子参根部土壤环境变化及综合评价［J］．土壤学报，2018，55(04):1028-1039.

后　记

　　中药材是中医药事业传承和发展的物质基础。贵州是全国四大中药材主产区之一，"十三五"以来，面对复杂多变的经济新形势，贵州中药材产业进入了转型升级阶段。2019 年，中药材产业成为农村产业革命十二大产业之一，贵州省中药材产业进入高质量发展阶段，并取得了较好的成果。为总结"十三五"以来贵州省中药材产业发展的经验，为今后乡村振兴中药材产业发展提供可复制、可推广的发展模式，在贵州人民出版社的大力支持下，编写了本书。

　　本书共分有两个部分，第一部分概括介绍全国中药材产业发展情况，详细介绍了贵州中药材产业发展的现状、机遇和挑战，分析总结了产业发展的成功案例和模式。第二部分依据贵州种植技术和模式的实际情况，详细介绍了贵州重点发展的天麻、黄精、白及等中药材的种植技术，为贵州中药材种植产业发展提供技术指导。

　　本书由贵州大学牵头编写。第一章由王华磊、梁瑾、唐成林、张金霞编写，第二章由罗夫来、李金玲、黄明进、刘红昌、罗春丽、陈松树、李丹丹、王华磊编写，其中罗夫来编写了天麻、半夏、艾纳香，李金玲编写了太子参、钩藤，黄明进编写了石斛、白及，刘红昌编写了金银花（山银花），罗春丽编写了党参，陈松树编写了黄精，李丹丹编写了鱼腥草，王华磊、王德甫编写了何首乌。李龙进、蔡莉、张希凤、林洁等提供了文献查阅、文字校对。全书由王

中药材产业发展实用指南

231

华磊主编负责统稿。

本书的编写得到了贵州大学科学技术研究院、农学院、贵州省农作物品种资源研究所等单位领导和同仁的大力支持，编写中参考和引用了同行编写出版的资料和未公开发布的文件材料，在此对其编著者表示真挚的谢意。

由于编者水平有限，书中缺点及遗漏在所难免，恳请读者提出宝贵意见和建议。

编　者